**THEODOR STORM
ZUM 200. GEBURTSTAG**

Karl Ernst Laage

Theodor Storm
zum 200. Geburtstag

Aufsätze ■ Untersuchungen ■ Dokumente

BOYENS

Herausgegeben im Auftrag der Theodor-Storm-Gesellschaft
von Christian Demandt und Philipp Theisohn

ISBN 978-3-8042-1460-6

© 2017 by Boyens Buchverlag GmbH & Co. KG
Alle Rechte vorbehalten
Herstellung: Boyens Buchverlag
Gestaltung: Dörte Kromrei
Druck und Bindung: Beltz Badlangensalza GmbH,
　　　　　　　　　Bad Langensalza
Printed in Germany

Zum Falscheintrag von Storms Geburtsdatum in das
Husumer „Kirchenbuch". 9

Die Bedeutung Lübecks und des Lübecker „Katharineums"
für den jungen Storm. 13

Theodor Storm in seiner ersten Rechtsanwaltspraxis. 19

„Sommernacht" – ein frühes Gedicht Theodor Storms 29

Theodor Storm und der „Schobüller Berg". 36

Schicksalsjahre im Haus Neustadt 56. 42

„Stormstätten" in Berlin. 47

Zur Herkunft des Wortes „Husumerei". 55

Theodor Storms Mitwirken an der ersten deutschen
Übersetzung von Iwan Turgenjews „Aufzeichnungen eines
Jägers". 62

Storm als Kreisrichter in Heiligenstadt 66

Das Familien-Wappen und das Dichter-Wappen Theodor
Storms. 73

Storm: „Wen von Euch soll ich dafür zum Opfer bringen?". 77

Fontane als Kriegsberichterstatter unterwegs
und sein Besuch bei Storm in Husum 81

Die Bedeutung von Storms Urgroßvaterhaus für seine
Dichtung und die Entdeckung von Resten des
„Gesellschaftssaales". 88

Das Husumer Schloss und der Todeskampf-Kamin –
Schauplätze in Storms Novelle „Im Schloß" 94

Zur Doppelstruktur der Novelle „Viola tricolor" 99

Urlaubstage in Fovslet im deutsch-dänischen Grenzgebiet 105

Ein missglückter Weihnachtsabend in Storms Novelle
„Carsten Curator". 110

Theodor Storms Besuch bei Paul Heyse in Prien am
Chiemsee und ihre „Novellenschatzgeschäfte". 115

Jena und Husum – zwei konträre Schauplätze der
Zuchthäusler-Novelle „Ein Doppelgänger". 118

Karl Heinrich Keck und seine „Storm-Stiftung zum Wohle
der Arbeiter aus Anlass des Doppelgängers" 123

Ferdinand Tönnies: Theodor Storm, der „Freund des
einfachen Menschen", der den „sozialen Fragen gern seine
Aufmerksamkeit zuwandte".. 128

Zum „Bekenntnis" (in der gleichnamigen Novelle):
„Mörder!" „Du hast dein eigen Weib getötet!" 131

Emil Noldes „tiefsinnige Eulen" (heute im Husumer Storm-
Haus) 136

Warum Storm den ursprünglichen Schluss der
„Schimmelreiter"-Novelle umgearbeitet hat. 141

Links:
Theodor Storms Geburtshaus, Husum, Markt 9, zu Storms Zeit. Hier wurde Storm geboren am 14. September 1817, „in der Mitternachtsstunde". Alte Zeichnung von Jan Hamkens. Allerdings sind die frühen Jugendeindrücke des Dichters nicht – wie die ersten Biographen und auch Gertrud Storm angeben – in diesem Hause am Markt zu lokalisieren, sondern – wie die neuere Stormforschung herausgefunden hat – im Haus Neustadt 56, in das die junge Familie bereits 1818 umgezogen ist, bzw. ins Großelternhaus, Hohle Gasse 3, in das man im Jahre 1821 (nach dem Tode des Großvaters Simon Woldsen) endgültig übergesiedelt ist. (StA Husum: Wooley-Bildnachlass)

Rechts:
Storms Geburtshaus Husum, Markt 9, Haus und Fassade heute modernisiert, aber in der Grundform erhalten. Geburtszimmer in der oberen Etage, hinter den beiden Fenstern links. (StA Husum)

Titelblatt des „Taufregisters der Kirche in der Stadt Husum" (um 1800). (Archiv des Kirchenkreises Nordfriesland)

Zum Falscheintrag von Storms Geburtsdatum in das Husumer „Kirchenbuch"

Als Tag der Geburt hat Storm – gewöhnlich ohne Zusätze – den 14. September 1817 angegeben. So antwortet er auf die Anfrage eines Journalisten (Hermann Kletke) im Jahre 1853[1]: „Ich bin am 14. September 1817 zu Husum im Herzogthum Schleswig geboren, wo mein Vater noch jetzt als einer der geschätztesten Rechtsanwälte unseres Landes lebt." Für ein Lexikon jedoch gibt er auf eine entsprechende Anfrage seinen Namen an mit „Hans Theodor Woldsen (mütterlicher Familienname) Storm" und als Geburtsjahr und -tag den „14. Septbr. (im Husumer Kirchenbuch steht fälschlich der 15. Septbr.) 1817", als Geburtsort: „Husum im Herzogthum Schleswig", Eltern: „Advokat Justizrath Johann Casimir Storm

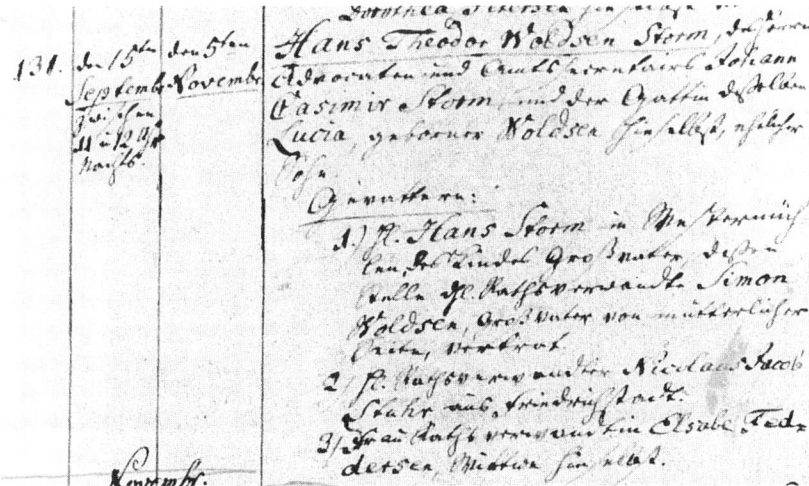

Seite aus dem „Tauf-Register" der Husumer Marienkirche mit dem Eintrag (unter Nr. 131). „Dies natalis" (Tag der Geburt): „Den 15ten September zwischen 11 u. 12 Uhr Nachts", „Hans Theodor Woldsen Storm…". (Archiv des Kirchenkreises Nordfriesland)

u. Lucie geb. Woldsen".[2] Ausführlicher schildert Storm seine Geburtsstunde in den autobiographischen Schriften, im Kapitel „Aus der Jugendzeit" (LL IV, 425) (Auszüge):

„In der Mitternachtsstunde zwischen dem 14. und 15. September 1817 war ein stark Gewitter über Husum ... Das war meine Geburtsstunde. Das Kirchenbuch und meine Mutter streiten sich, ob sie in den 14. oder 15. des Monats gefallen sei; meine Mutter behauptete – sie müsse es doch am besten wissen – energisch den vierzehnten; und ich glaube ihr mehr als dem alten Propsten…"

Bei der Suche nach dem „Kirchenbuch", von dem Storm spricht und in das der Propst das falsche Geburtsdatum eingetragen hat, konnte der entsprechende Band der Husumer Marienkirche ausfindig gemacht werden. Der Titel des Bandes lautet[3]: „Tauf-Register der Kirche in der Stadt Husum und zugleich Verzeichniß der daselbst gebohrnen ehelichen und unehelichen Kinder. – Angefangen am 1ten Januar 1800 von den Predigern Johann Tycho Hartz u. Johann Friedr. Schetelig – 8. Theil."

Ordnungsgemäß in das Taufregister ist hier also die Geburt Theodor Storms eingetragen. Die Verbindung von Geburts- und Taufregister, wie sie hier vorgenommen wird, geht auf ausdrücklichen „königl. Allerhöchsten Befehl" aus dem Jahre 1763 zurück.[4]

Eingetragen ist die Geburt des Dichters unter der laufenden Nummer „131" des Taufregisters in der Rubrik „Dies nativitatis" (Tag der Geburt): „den 15ten September zwischen 11 und 12 Uhr Nachts"

Eingetragen ist ferner in der Rubrik „Dies baptismi" (Tag der Taufe): „den 5ten November"

Eingetragen sind schließlich die Namen des Täuflings und seiner Eltern: „Hans Theodor Woldsen Storm, des Herrn Advocaten und Amtssecretairs Johann Casimir Storm und der Gattin desselben Lucia, geborener Woldsen hieselbst, ehelicher Sohn."

Es folgen die Namen der „Gevattern" (Taufpaten):

1. H<err> Hans Storm in Westermühlen, des Kindes Großvater, dessen Stelle H. Rathsverwandte Simon Woldsen, Großvater von mütterlicher Seite, vertrat.
2. H. Rathsverwandte Nicolaus Jacob Stuhr aus Friedrichstadt <seit 1812 verheiratet mit der Schwester von Storms Mutter>.
3. Frau Rathsverwandtin Elsabe Feddersen, Wittwe/hieselbst" <Urgroßmutter mütterlicherseits (1741–1824)>".

Weitere Nachforschungen haben ergeben, dass noch ein zweites „Taufregister" existiert, dass dieses aber ebenfalls den 15. September 1817 als Geburtsdatum angibt, und dass die übrigen Angaben – bis auf unbedeutende Schreibeigenarten der Eintragenden – identisch sind. Es handelt sich um ein „Duplicat", wie es der dänische König, Christian VII. (als Herzog von Schleswig) im Jahre 1775 verordnet hat, das „in gehöriger Entfernung von den ordentlichen Kirchenbüchern … verwahrt werden" soll.[5]

So wird man es also mit Storm halten, der seiner Mutter mehr traut „als dem alten Propsten" (s. o.), und den 14. September 1817 als den Tag seiner Geburt angeben. –

Ausblick:

Das kirchliche Geburts- bzw. Taufregister, wie es „auf Königlich allerhöchsten Befehl" im Jahre 1763 eingeführt worden ist (vgl. zu Anm. 4), wurde von den Preußen 1867 ersetzt durch das staatliche Geburtsregister, das vom „Standesamt" geführt wird. Storm, der sich vom preußischen Staat bevormundet, reglementiert und kontrolliert fühlte, reagierte auf die Einführung verärgert, mit einem Gedicht, dem er verschiedene Überschriften gab, die deutlich machen, wie er den preußischen Beamtenstaat einschätzte (LL I, S. 85 u. 857 f., die Überschriften: „Der Beamte", „Der Bureaukrat" und „Fortschritt"):

Der Beamte

Er reibt sich die Hände: „Wir kriegen's jetzt!
Auch der frechste Bursche spüret
Schon bis hinab in die Fingerspitz',
Daß von oben er wird regieret.

Bei jeder Geburt ist künftig sofort
Der Antrag zu formulieren,
Daß die hohe Behörde dem lieben Kind
Gestatte zu existieren!

Anmerkungen:

1. Storm an den Journalisten Hermann Kletke in Berlin am 3.4.1853
2. Original in der Universitätsbibliothek Basel
3. Taufregister-Band im Archiv des Kirchenkreises Nordfriesland der Ev.-Luth. Kirche Norddeutschland
4. Nach entsprechenden Urkunden im Archiv des Kirchenkreises Nordfriesland, u. a. mit einem „Schema" aus dem Jahre 1763, wie die Registrierung, „wie das ordentlich zu führende Tauf-Register einzurichten" ist.
5. Verfügung des Königs Christian VII. vom 20.10.1775, dass ein „Duplicat" anzulegen ist (Archiv des Kirchenkreises Nordfriesland).

Die Bedeutung Lübecks und des Lübecker „Katharineums" für den jungen Storm

Storm hat – zusammen mit seinem Freund Johannes Ohlhues – Ostern 1835 das Husumer Gymnasium verlassen und ist übergewechselt auf das „Katharineum" in Lübeck. Sie erhielten vom Direktor der Husumer Schule Dr. Friedrichsen folgendes Zeugnis mit auf den Weg:

„Sie sind von Natur aus mit guten Anlagen ausgerüstet und haben sich durch ihren Fleiß gute Kenntnisse in den gewöhnlichen Schulwissenschaften, namentlich in den alten Sprachen, erworben. Mögen sie <…> sich der Liebe ihrer künftigen Lehrer in eben dem Grade würdig zeigen, wie sie sich die meinige zu erwerben gewußt haben."[1]

In dem Schulverzeichnis des Lübecker Katharineums, dem „Album gymnasii et scholae Lubecensis", in das die neu in die Schule bzw. Klasse eintretenden „alumni" (Zöglinge) eingetragen wurden[2], sind „Michaelis 1835", also Herbst 1835, handschriftlich verzeichnet: Joh. Ohlhues, Geburtsort: Hattstedt, J. d. G.: 1815, Vater: Prediger; und: Theodor Storm, Geburtsort: Husum, J. d. G.: 1817, Vater: Advokat. Für beide ist als „Wohnung" die Familie „Luetjens", Untertrave 104, angegeben.

Eine neue Welt tat sich für Storm in Lübeck auf. Insbesondere durch den Direktor des Katharineums, Dr. Friedrich Jacob (1792–1854) und durch den jungen Pädagogen Johannes Classen (1805–1891) erhielt er viele Anregungen; sie waren als Menschen und als Lehrer bedeutende Persönlichkeiten; sie haben Storm „in den ganzen Kreis der neuen Bildung eingeweiht"[3]. Sie taten auch außerhalb der Schule viel für die Bildung ihrer Schüler. Gertrud Storm berichtet von lateinischen Abenden, zu denen Direktor Jacob einmal wöchentlich einen kleinen Kreis von Primanern, zu denen auch Storm gehörte, in sein Haus einlud. Man las „Theokrits Idyllen und disputierte über das Gelesene in lateinischer Sprache."[4]

Anregend für Storm war auch der damals 30jährige Griechisch- und Deutschlehrer Johannes Classen. Er wird als „ein Mann von rastloser, sprudelnder Lebendigkeit, von feinster Geistesbildung, von großer Herzensgüte" geschildert, „der sich auch persönlich seiner Schüler sehr wohlwollend annahm". Eine besondere Auszeichnung war es, wenn die Schüler „an den Teetisch seiner liebenswürdigen Frau <...> geladen wurden."[5] Classen las mit ihnen deutsche Dramen und erörterte diese in freiem Gespräch. Noch bis ins hohe Alter hat Storm die Verbindung mit seinem verehrten Lehrer aufrecht erhalten.

Storm hat das Katharineum bis Ostern 1837 besucht und sich freiwillig zu der – damals noch nicht verbindlichen – Abschlussprüfung gemeldet. Das Thema seiner Prüfungsarbeit, die in lateinischer Sprache abgefasst werden musste, war ein historisch-politisches: „Quibus causis Philippo II regnante dilapsae sunt Hispaniae opes auctoritasque" – Aus welchen Gründen unter der Regierung Philipp II. die Macht und das Ansehen Spaniens verfielen, und aus der Behandlung dieses Themas (der Verfasser stellt sich ganz auf die Seite der freiheitsliebenden Niederländer) spricht die freiheitliche Gesinnung, die das Leben Storms schicksalhaft bestimmt und die sich auch in seinem dichterischen Werk niedergeschlagen hat[6].

Aufgrund der mäßigen Vorkenntnisse, die Storm von Husum mitbrachte, erzielte er auf dem Katharineum zwar keine Glanzleistungen, aber er wurde doch so weit gefördert, dass er in seinem Abschlusszeugnis folgende Noten erhielt[7]: im Lateinischen und Deutschen „gut", im Griechischen und Geschichte „ziemlich gut", in Französisch und Mathematik „mittelmäßig".

Am 20. April 1837 hat sich Storm dann in das Immatrikulationsregister der Universität Kiel eingeschrieben und das Studium der Rechte begonnen. Auf eine entsprechende Anfrage hat er einmal geantwortet: „Weshalb ich mich der Jurisprudenz ergab? Es ist ein Studium, das man ohne

Das Lübecker „Katharineum", alte Zeichnung, um 1850. (StA Husum: Wooley-Bildnachlass)

besondere Neigung studieren kann; auch war mein Vater ja Jurist. Da es die Wissenschaft des gesunden Menschenverstandes ist, wurde ich auch wohl leidlich mit meinem Richteramt fertig <...>. Mein richterlicher und poetischer Beruf sind meistens im guten Einvernehmen gewesen."[8]

Auch außerschulisch hat die Lübecker Zeit für Storm eine große Bedeutung gehabt. Entscheidenden Einfluss auf seine weitere Entwicklung als Mensch und Dichter hatte der um zwei Jahre ältere Freund Ferdinand Röse (1815–1859). Er war der Sohn eines wohlhabenden Lübecker Kornmaklers, der in einem der hochgiebeligen Bürgerhäuser an der Trave wohnte. In seinem Zimmer „wo die Werke alter und neuer Philosophen ihn umgaben", hat Storm seinen Freund oft besucht; er erschien ihm dort "wie der Meister eines Geheimbundes"[9]. In Erinnerung an diese Besuche schreibt Storm 1886: "Sein Vaterhaus an der Trave <...> ist mir unvergeßlich geblieben. Die Haustür führte zu einem sehr engen Flur; vor dem Eintretenden verschloß rechts ein breites gelbes Doppeltor den weiteren Raum, an der linken Wand führte eine ohne Biegung aufsteigende Treppe in einen großen fließenbelegten, zwei Stockwerke hohen dämmerigen Flur; überall führten Türen zu den Wohnräumen, zur Küche und zu einem kleinen offenen Hof; zu den im höheren Stockwerk belegenen Stuben, nach der Straße und nach der Hinterseite gingen zwei Einzeltreppen mit Geländer; die nach der Straße belegene führte zu einem Zimmer, wo ein alter Großohm seinen Lebensrest verbrachte; die oberen Zimmer nach hinten habe ich später als Student bei einem Besuche innegehabt. <...> Das kleine Zimmer, das ich damals allein besuchte, lag nach der Trave hinaus hinter der Haupttreppe; ein Tages- oder Kerzenschimmer, der durch das grüne Vorhängsel des Türfensters schimmerte, zeigte dem Besuchenden den Weg. Ich habe es auf das oft mit einer Art Mutwillen oder mit ermunterndem Klang gerufene ‚Herein!' stets mit dem Gefühl betreten, ich komme als ein Jüngerer und Werdender zu einem wesentlich schon Gewordenen, <...>[10].

In diesem Zimmer hatte der junge Storm das aufregendste literarische Erlebnis seiner Lübecker Zeit, das mitbestimmend sein sollte für den Werdegang des späteren lyrischen Dichters. Storm hat dieses Erlebnis selbst beschrieben und gewürdigt: „Nie werde ich den Spätherbstabend vergessen, an dem er <Röse> mich dort in Heines mir noch unbekanntes ‚Buch der Lieder' einweihte. Aus dem verschlossenen Glasschrank, der den Oberteil einer Schatulle bildete, nahm er das Exemplar auf schlechtem Druckpapier, und während wir am warmen Ofen saßen und draußen der Wind durch die Schiffstaue sauste, begann er mit gedämpfter Stimme zu lesen: ‚Am fernen Horizonte', ‚Nach Frankreich zogen zwei Grenadier', ‚Über die Berge steigt die Sonne' und so eines nach dem andern;

zuletzt ‚Wir saßen am Fischerhause und schauten nach der See'; ich war wie verzaubert von diesen stimmungsvollen Liedern, es ward Morgen und es nachtete um mich, und als er endlich, fast heimlich das Buch fortlegend, schloß: ‚Das Schiff war nicht mehr sichtbar, es dunkelte gar zu sehr', da war mir, als seien die Tore einer neuen Welt vor mit aufgerissen worden."[11]

Noch als anerkannter Lyriker und Dichter, der selbst ein „Liederbuch dreier Freunde" herausgegeben hatte, hielt Storm Heinrich Heine für den „größten lyrischen Formkünstler" und „das größte lyrische Talent des 19. Jahrhunderts"[12].

Neben Heinrich Heine lernte Storm in Lübeck auch Goethes „Faust" kennen. In einem Manuskript des Dichters (Entwurfsblättern, die im Archiv der Storm-Gesellschaft aufbewahrt werden), finden sich die Sätze: „Durch die Retzschen Umrisse <Moritz Retzsch: Umrisse zu Goethes Faust>, welche mein Stubengenosse bei einem Schulvogelschießen im Sachsenwalde als Preis davon trug, wurde ich zu Goethes Faust geführt". „Heines Liederbuch <…> und der Faust kamen nun nicht mehr von meinem Tische."

Die große Bedeutung Lübecks für Storm liegt darin, dass er hier seinen geistigen Horizont erweitern, als „Werdender" einen Schritt vorwärts tun konnte und literarische Anregungen erhielt, die sein eigenes Dichten entscheidend gefördert haben. Anlässlich seines 70. Geburtstages meinte er selbst: „Mein Vater hatte den glücklichen Gedanken, mich vor der Universität noch 1 ½ Jahre auf die Lübecker Schule zu schicken, die unter Jacob und Classen in höchster Blüte stand. Hier war höhere Luft, <waren> bedeutendere Menschen"[13].

Anmerkungen:

1. Gertrud Storm:, Bd. I, S. 102 (Auszug).
2. Das „Album gymnasii et scholae Lubecensis", dem diese Angaben entnommen sind, wird im Lübecker Stadtarchiv aufbewahrt (Kopie der betr. Seiten als Geschenk des Katharineums im Archiv der Storm-Gesellschaft).
3. Th. Storm an Ada Christen am 2.3.1873 (in: Storm als Erzieher, Seine Briefe an Ada Christen, hg. von Oskar Katann, Wien 1948, S. 61).
4. Gertrud Storm: Bd. I, S. 104; vgl. J. Classen, Friedrich Jacob in seinem Leben und Wirken, Jena 1855. Vgl. auch Rochus v. Liliencron, Frohe Jugendtage in Lübeck 1839, in: Der Wagen, Lübeck 1959, S. 53 ff.
5. Zitat nach R. von Liliencron (Anm. 4), S. 54. Vgl. auch Friedrich Krüger, Th. Storm in Lübeck, in: Zeitschrift des Vereins für Lübeckische Geschichte und Altertumskunde 13 (1911), S. 366.
6. Nach Friedrich Krüger (Anm. 5), S. 369 f. Die Stormsche Abschlussarbeit ist verloren gegangen.
7. Vgl. Friedrich Krüger, Anm. 5, a. O., S. 370.
8. Th. Storm an Emil Kuh, 21.8.1873 (in: Westermanns Monatshefte 67 (1889), S. 273).
9. Th. Storm, in: „Ferdinand Röse" (LL IV, 442)
10. Ebendort, LL IV, 444
11. Ebendort, LL IV, 444
12. Th. Storm an Erich Schmidt am 24.8.1884 (in: Th. Storm – Erich Schmidt, Briefwechsel, hg. von K E Laage, Berlin 1976, Bd. II, S. 98).
13. Theodor Storm in: Entwürfe einer Tischrede zum 70. Geburtstag (LL IV 487 ff.).

Theodor Storm in seiner ersten Rechtsanwaltspraxis

Storm hat im Herbst 1842 an der Universität Kiel sein Studium der Rechtswissenschaft beendet, hat sein Examen abgelegt und ist im Winter nach Husum in das Elternhaus, Hohle Gasse 3, zurückgekehrt. Sein Vater, Johann Casimir Storm, gehörte damals zu den angesehensten Advokaten der Stadt. Seine Praxis war so umfangreich, dass er seinen Sohn gut als Mitarbeiter oder Kompagnon hätte aufnehmen können. Warum er das nicht tat, sondern den damals 25jährigen, unerfahrenen Juristen veranlasste, eine eigene Rechtsanwaltspraxis zu eröffnen, ist nicht bekannt. Vielleicht fürchtete er interfamiliäre Streitigkeiten; denn sie waren beiden „leicht reizbare", zu Heftigkeit und Jähzorn geneigte Naturen. Es ist auch möglich, dass der Vater seinen allzu „poetischen" Sohn auf diese Weise (nämlich dadurch, dass er ihn auf eigene Füße stellte) zu selbständigem, verantwortungsbewusstem geschäftlichem Denken und Arbeiten erziehen wollte. Soviel jedenfalls steht fest: im Februar 1843 ließ sich der junge Theodor Storm als Rechtsanwalt in Husum nieder, und am 23. und 30. April sowie am 7. Mai dieses Jahres konnte man im „Husumer Wochenblatt" folgende Anzeige lesen:

„Meine Wohnung ist bei dem Herrn Agenten Schmidt in der Großstraße.
Husum, den 20. April 1843
        Woldsen Storm, Advocat"

Storm hatte sein Vaterhaus verlassen und in der unteren Etage des Hauses Großstraße 11 eine Rechtsanwaltspraxis mit zwei nach Osten im hinteren Hausteil liegenden Räumen gemietet.

Husum, Großstraße 11: Im hinteren Gebäudeteil: die Rechtsanwaltspraxis Storms: (zwei Zimmer, Haus inzwischen abgerissen). (Foto: StA Husum)

Das Haus Großstraße 11 war ursprünglich ein vornehmes Fachwerkhaus. Es gehörte 1593 bis 1702 der Familie Danckwerth, dessen bedeutendstes Mitglied Caspar Danckwerth war (1605–1672), Verfasser der „Neuen Landesbeschreibung der beiden Herzogtümer Schleswig und Holstein" (1652), Er war lange Zeit Bürgermeister von Husum. Das Haus wurde 1965 abgebrochen.

Wir sind über Storms Jahre im hinteren Teil dieses Hauses verhältnismäßig gut unterrichtet, vor allem durch die Briefe, die Storm vom April 1844 an seine Braut Constanze Esmarch nach Segeberg geschrieben hat[1]. So können wir uns ein anschauliches Bild von seinem Leben und seinem Tageslauf machen.

Der Vormittag ist die „ganz den Geschäften gewidmete Zeit" (S. 21). Zuweilen kommt es vor, dass der junge Advokat beim Aufstehen „die Stube voller Leute", das heißt voller Klienten, findet und die ersten Stunden des Tages im „Parlamentieren" mit ihnen verbringt (S. 4). Manchmal diktiert er seinem Schreiber Peter Söt (S. 2), oder er wird „den ganzen Morgen aus einer Gerichtsverhandlung in die andere getrieben" (S. 18). Auch den Nachmittag hat er zu tun: da muss ein „abscheuliches Gnadengesuch" aufgesetzt werden; da gilt es, die unvollendeten Prozesssachen „für die arme Witwe des ausgezeichneten, neulich verstorbenen Advokaten in Garding" aufzuarbeiten (S. 45). Einmal liegt ein solcher „Wust von Arbeit" vor ihm, dass er seinem Schreiber bis halb elf Uhr abends zu diktieren hat (S. 2). Aber nicht immer ist so viel zu tun. Gelegentlich reicht die Zeit auch zu einer Wanderung „über den Schobüller Berg nach Hattstedt" (S. 78) oder zu einer „Marktrunde mit den jungen Damen" (S. 119). Wenn nichts Besonderes vorliegt, macht der 26jährige Rechtsanwalt um 17 oder 18 Uhr Feierabend. Dann trinkt er seinen Tee, zu Hause oder „drüben", das heißt bei den Eltern in der Hohlen Gasse, ausnahmsweise auch einmal bei „Werner", in der Gaststube in dem alten schönen Hause also, das auch heute noch diesen Namen trägt (Großstraße 18). Manchmal schließt sich ein Spaziergang an, in die Südermarsch, „zu den Hafenfennen hinter Rödemis" oder „weit auf den Porrenkoogdeich hinaus" (S. 30, 31). Zum Abendessen geht der junge Storm oft zu den Eltern in die Hohle Gasse. Gelegentlich ist er auch beim Agenten Schmidt (S. 27), beim Senator Jensen (S. 59), bei Setzers (S. 124), bei von Kroghs im Schloss (S. 7) oder „in der Woldsenschen Villa" (S. 82) zu einem „vortrefflichen" Essen oder zu einer größeren Gesellschaft eingeladen. Danach setzt man sich gewöhnlich an den Kartentisch, zu einer Partie Whist, L'hombre oder Vingt-un. Und nicht selten ist es schon nach Mitternacht, wenn der junge Advokat sich zum Schlafen niederlegt.

Storm hat dieses Leben und Treiben, das damals den Alltag der Husumer Honoratioren bestimmte, zunächst widerspruchslos mitgemacht. Aber schon bald genügte es ihm nicht mehr. Das „Poetische" in seiner Natur (S. 15) bäumte sich dagegen auf, den Sinn des Daseins allein im Geldverdienen und in den „sogenannten Vergnügungen", in „Tanz, Schmaus, Spiel usw." zu finden (S. 165/7). Einmal klagt er seiner Braut: „Du weißt, wie wenig Freude, ja wie wenig Befriedigung mein bürgerliches Leben mir gewährt" (S. 93). Vor allem der Künstler in ihm fühlte sich unbefriedigt. So gründete der junge Rechtsanwalt schon im Frühjahr 1843 einen „Singverein", mit dem er im „Clublokal", meist donnerstags abends, Chorproben abhielt. (Der „Singverein" existiert bekanntlich heute noch als „Theodor Storms Gesangverein".).

Die Musik war für Storm in diesen Jahren ein gewisses Gegengewicht gegen das oberflächliche kleinstädtische Leben, das im Geldverdienen, Essen, Trinken und Kartenspielen Genüge fand. Doch sie ersetzte ihm nicht die gleichgesinnten Freunde, mit denen er „spekulative Gespräche" (S. 118) führen konnte, Freunde, wie er sie sich vorstellte, „voll Interesse für das Schöne", „frei im Geist und ohne Philisterei" (S. 41). Weder mit Beccau, einem jungen Rechtsanwalt (dem späteren Geschichtsschreiber Husums), noch mit dem Arzt Dr. Kuhlmann wollte sich das ersehnte geistige Band knüpfen, und Dr. Harries, der als Hilfslehrer am Gymnasium wirkte, ein „ungemein lebendiger und enthusiastischer Mann" (S. 113), verließ Husum schon bald. So beklagt Storm sich in einem Brief an seine Braut: „Ich habe zu keinem hier ein inneres Bedürfnis, und keiner hat es zu mir... Wie reich war ich in Kiel! Ich denke nur an Mommsen, Lütkens, Noodt. Alle verschieden, eigentümlich, mit allen ein beständiger, lebendiger Gedankenaustausch…" (S. 67). Erst später, kurz bevor er das Haus in der Großstraße 11 verließ, lernte Storm in dem Amtssekretär Brinkmann einen wirklichen Freund, einen Freund fürs Leben, kennen.

An die Stelle der geistigen Auseinandersetzung mit Freunden, auf die der junge Storm in diesen Jahren verzichten musste, trat die intensive Beschäftigung mit der Literatur. Eine Auswahl der Gedichte und Werke, die der Advokat Woldsen Storm in diesen Jahren gelesen, seiner Constanze zu lesen empfohlen oder zitiert hat (wir stützen uns auf seine Briefe vom April 1844 bis zum November 1845), mag das veranschaulichen:

Freiligrath, Blumenrache (Gedicht); Burns, John Anderson (Gedicht aus dem Englischen, Übersetzung), Gudrun (altdeutsches Epos, Übersetzung); Immermann, Memorabilien; Tieck, Phantasus; Feßler, Abälard und Heloise; Dickens, Martin Chuzzlewitt; Goethe, Wilhelm Meisters Lehrjahre und die Gedichte Lilis Park, Mailied, Mit einem gemalten Bande, Willkommen und Abschied, sowie Noten zum Westöstlichen Diwan usw.

Die große Zahl der erwähnten Gedichte und Werke und die Vielseitigkeit seiner Lektüre sind erstaunlich. Darin dokumentieren sich die geistige Regsamkeit und die literarische Aufgeschlossenheit des angehenden Dichters.

Die Jahre als junger Rechtsanwalt in der Großstraße sind aber auch gekennzeichnet durch eine eifrige Sammeltätigkeit. Von den Sammlungen der Gebrüder Grimm angeregt, hatten Theodor Mommsen und Storm noch während der letzten Studienjahre in Kiel schleswig-holsteinische Sagen gesammelt, auch in den Jahren 1842 bis 1843 fortgesetzt, dann aber ihre Sammlung und das Projekt als solches dem Germanisten Karl Müllenhoff überlassen. Storm hat dann ein eigenes Projekt begonnen, das Sammeln von Gespenstergeschichten. Wie intensiv er diese Arbeit neben der Rechtsanwaltspraxis betrieben hat, zeigt das „Neue Gespensterbuch", das er 1848 fertiggestellt (insgesamt 69 Gespenstergeschichten), aber nicht veröffentlicht hat[2].

Storms eigene Dichtung war zunächst noch ganz konventionell. Das „Liederbuch dreier Freunde" zum Beispiel, das 1843 erschien, enthielt von Storm zum größten Teil nur Gedichte, die an seine Jugendliebe Bertha von Buchan gerichtet sind. Sie haben noch keinen eigenen Ton.

Das ändert sich gerade in den Jahren, die wir hier betrachten. Diese Jahre gaben dem jungen Dichter offenbar den „bestimmten Inhalt", das echte Gefühl, aus dem echte Gedichte entstehen können. In einem Brief an Constanze finden wir dann schon ein Gedicht von dieser Art (es ist am Pfingstmontag 1844 entstanden):

> Und der er seine junge
> sonnige Liebe gebracht,
> die hat ihn gehen heißen,
> nicht weiter sein gedacht.
>
> Drauf hat er heimgeführet
> ein Mädchen still und hold,
> die hat von allen Menschen
> nur einzig ihn gewollt.
>
> Und ob sein Herz in Liebe
> niemals für sie gebebt,
> sie hat um ihn gelitten
> und nur für ihn gelebt.

Dieses Gedicht ist in seinem ergreifend einfachen Ton ein Vorklang der Gedichte, die dann folgen und allgemein bekannt geworden sind, wie „Wer je gelebt in Liebesarmen" (S. 39), „Warum duften die Levkojen soviel schöner bei der Nacht?" (S. 112) oder „Schon ins Land der Pyramiden flohn die Störche übers Meer" (S. 123). Diese Gedichte sind – was nur die wenigsten wissen – in den Jahren entstanden, in denen der junge Advokat in der Großstraße wohnte und arbeitete.

Novellen hat Storm in diesen Jahren noch nicht geschrieben. Aber es gibt Anzeichen dafür, dass er zwischen 1842 und 1845 nicht nur als Lyriker, sondern auch als Prosaist eine Entwicklung durchgemacht hat. In Biernatzkis „Volksbuch" erschienen Geschichten wie „Der Griper und sein Herr" oder „Der offenherzige Polizeimeister", die im Volk umliefen und die Storm gesammelt und nacherzählt hat. Sie sind geschrieben in einem Prosastil, der schon den späteren Novellenschreiber ahnen lässt. Auch in den Briefen finden wir mitunter Partien, die uns wie Vorklänge zu Novellen wie „Auf dem Staatshof" vorkommen. So zum Beispiel folgende Beschreibung einer Abendstimmung im Porrenkoog: „Es rührte sich kein Grashalm. Die Marsch hat dann so etwas Feierliches, durch die große Ruhe hört man nur dann und wann das Brüllen eines Rindes oder das Geschrei der Kiebitze, die man beim Gehen aufscheucht. Am Außendeich blitzen die Wasserpfützen wie Silber in dem dunklen Vorlande…" (3.–6.8.1845) (S. 65).

Der Umschwung von den inhaltslosen Reimereien der Studentenjahre zu den ersten großen Gedichten (siehe oben) und zu einem so kräftigen Prosastil (wie in der zuletzt zitierten Briefstelle) war das Ergebnis der Wandlung und Festigung der Persönlichkeit des Dichters. Diese Wandlung zeigte sich auch in dem Verhältnis des jungen Storm zu seinem Vater. Anfangs, das heißt 1842 und 1843, bestanden offenbar noch gewisse Spannungen zwischen Vater und Sohn. Theodor hatte dem alten Herrn zu lange studiert und obendrein Schulden gemacht (S. 60). Außerdem missfiel dem Vater, dass der Junge so viel Zeit und Interesse auf die Poesie verschwendete. Im Laufe der Jahre aber besserte sich ihr Verhältnis zusehends, vor allem, als der alte Storm sah, mit welchem Ernst sein Sohn daran ging, sich eine Existenz aufzubauen. So konnte er seinem Schwager Esmarch in Segeberg schon 1844 versichern: „Er (Theodor) ist sehr gescheit und arbeitstüchtig, und wenn er mit Anstrengung daran geht, kann ihm, wenn ich noch einige Jahre lebe, die gesicherte Existenz nicht fehlen." Allmählich entwickelte sich sogar eine richtige Freundschaft zwischen Vater und Sohn. Diese Freundschaft aber ist nicht nur ein Zeichen für das wachsende Können des jungen Advokaten, der „große und schwierige Arbeiten" „ganz vortrefflich" ausführt, sondern auch ein Symptom für die Wandlung der inneren Persönlichkeit des Dichters. Wenn Storm seiner Braut zum Beispiel im August 1845 berichten kann, dass er „jetzt" (!) „auf recht gutem Fuße" mit seinem Vater lebe, obgleich dieser an dem „verdrossenen Gesellen" unmöglich größeres Gefallen haben könne (S. 68), so tun wir hier einen Blick in die Seele eines Menschen, der allmählich lernt, sich selbst zu erkennen und das rechte Verhältnis zu seiner Umwelt zu finden.

In dieser Hinsicht sind auch seine brieflichen Auseinandersetzungen mit Constanze aufschlussreich. Constanze war die Tochter des Bürgermeisters Ernst Esmarch und seiner Frau Elsabe, geborene Woldsen. Sie war Storms Cousine und acht Jahre jünger als ihr Vetter. Am Weihnachtsabend des Jahres 1843 hatten sie ihre gegenseitige Neigung entdeckt (vergleiche auch die Novelle „Unterm Tannenbaum"), und im Januar hatten sie sich verlobt, erst heimlich, später öffentlich. Die Eltern waren zunächst sehr überrascht und „im allgemeinen nicht für Familienheiraten". Dann allerdings gaben sie ihre Einwilligung, unter der Bedingung, dass die Hochzeit anderthalb bis zwei Jahre hinausgeschoben werden sollte. Diese Jahre sollten dem jungen Advokaten Gelegenheit geben, „einen festen Geschäftskreis zu bilden" (S. 33).

Sie wurden für das junge Paar aber auch eine Zeit der Probe, der Bewährung. Besonders aus Storms Entwicklung als Mensch und Dichter sind sie nicht wegzudenken.

Storm hatte eine hohe Auffassung von der Liebe und Ehe. Die Liebe war für ihn der „Segen Gottes" (S. 289), und die Hauptaufgabe der Ehe sah er in der „gegenseitigen Entwicklung und Durchbildung des Schönen und Guten" in den Ehepartnern (S. 158). Deshalb fühlte er sich verpflichtet, allem „Oberflächlichen" zu entsagen (S. 167) und seine Braut wie sich selbst „geistig zu erheben" (S. 15). Er verspricht ihr zum Beispiel kein L'hombre und Whist mehr zu spielen (S. 107, 127, 161). Auch an seine Braut stellt er hohe Forderungen. Sie soll „viel lesen", ihren Geschmack und ihr Urteil ausbilden (S. 23). Seine Forderungen sind allerdings manchmal so hoch, so überspannt, dass man sich nicht wundert, wenn daraus gegenseitige Enttäuschungen und Vorwürfe entstehen. Aber neben den Ermahnungen und Vorwürfen, von denen Storms Brautbriefe in diesen Jahren voll sind, finden sich doch auch Stellen, die davon zeugen, wie wichtig die Auseinandersetzungen mit seiner Braut für die Ausbildung des jungen Dichters als Mensch gewesen sind. Zum Beispiel, wenn er sich zu der Einsicht durchringt, dass sie sich „oft gequält haben" (S. 110) und dass er zu heftig, zu undankbar gegen sie gewesen ist, ja, dass er sie „unerbittlich grausam verletzt hat" (S. 117), und wenn er bekennt, dass sich seit ihrem letzten Wiedersehen so manches in ihm „durchgekämpft" habe (S. 117), oder wenn er sie bittet: „heile mich von meinen Grillen" (S. 110). An solchen Stellen wird deutlich, dass hier ein Mensch mit sich selbst ringt, über sich selbst Klarheit zu gewinnen sucht und sich innerlich wandelt.

Dass dem jungen Storm in seiner ersten Rechtsanwaltszeit gelungen ist, ein positives Verhältnis zu seiner Umwelt, auch gerade zu den ihm nahestehenden Mitmenschen, aufzubauen, zeigt sich daran, dass der Vater dem Sohn das Haus Neustadt 56 als Wohn- und Geschäftshaus zur Verfügung stellte. So erschien am 16. November 1845 im „Husumer Wochenblatt" folgende Anzeige:

Ich wohne von jetzt ab im Hause meines Vaters auf der Neustadt.
Husum, den 7. November 1845
Adv. Woldsen Storm

Damit endet diese Lebensepoche des Husumer Dichters. Sie war von größerer Bedeutung für die Entwicklung des Menschen und Dichters Theodor Storm, als gemeinhin angenommen wird.

Anmerkungen:

1. Die Zitate („...") und die in Klammern hinzugefügten Quellenhinweise (S. ...) verweisen in diesem, 1965 erschienenen Aufsatz noch auf die von Gertrud Storm herausgegebene alte Ausgabe der „Briefe an die Braut", die 1915 bei Westermann in Braunschweig erschienen ist. Heute verweise ich auf die vorzügliche Ausgabe von Regina Fasold: „Theodor Storm – Constanze Esmarch", Teil I und II, Berlin, Erich-Schmidt Verlag 2002.
2. Inzwischen erschienen; K. E. Laage: Theodor Storm: Neues Gespensterbuch, Beiträge zur Geschichte des Spuks, Insel-Taschenbuch, Frankfurt am Main 1991 und: Boyens-Verlag, Heide 2011

„Sommernacht" – ein frühes Gedicht Theodor Storms

Sommernacht

SIE

Hörst du es jetzt? – Ganz deutlich scholl es wieder!
Du kennst doch sonst den Schlag der Nachtigall! –
Noch immer nicht? – Halt nur den Atem an;
Denn fernher kommt es aus den stillen Gärten,
Die unten dort im Mondenlichte liegen;
Streifend über tausend Blumenkelche
Zu uns herüber weht der süße Laut.
Ich schließ den Mund dir! – Sag, hörst du es jetzt?

ER

Wenn du mit solchem Druck die Lippen fesselst,
So liegen alle Sinne mir geschlossen,
Bis du das Zaubersiegel wieder lösest.

SIE

Du arger Schelm! Du sollst die Hand nicht küssen,
Und schwatzen sollst du auch nicht! Hören sollst du!
Es ist Bulbul, die für die Rose singt.

ER

Einfältig Kind! Das ist nicht Hafis Vogel;
Die Elfen sind's, die ihre Hörnlein blasen!

Sie wollen tanzen in der Sommernacht.
Sieh nur hinunter zu den Wiesenplanen,
Wo sich der weiße Mondesnebel ballt!
Siehst du die Blume aus dem Duste ragen?
Die Kaiserlilie ist's! Um ihre Stengel
Siehst hastig quirlend du den Nebel kreisen!
Behüt' dich Gott! Das ist der Elfenreigen!
Es lullt mich ein – wie süß die Hörnlein klingen!

SIE

Ich bitte, sprich: es ist die Nachtigall!
Die Nachtigall! Mir graut vor deinen Elfen.
Du böser Mann, ach zum Verzweifeln ist es,
Dass du und ich so zweier Meinung sind!
Sprich, bitte, sprich: es ist die Nachtigall!

ER

Es ist die Nachtigall – es sind die Elfen!
Sie sind es beide – oder sind es nicht.
Weiß ich doch kaum, sind es im Tal die Quellen,
Ist es die Nacht, die so melodisch rinnt.
Musik ist alles, alles um mich her!
Tautropfen schlüpfen leis von Blatt zu Blatt,
Und durch die Gräser streift ein zarter Laut,
Wie Harfensäuseln träumerisch und weich.
Durch jeden Strauch, durch alle Wipfel rieseln
Ungreifbar leise, halberwachte Stimmen,
Und schwinden hin, und tauchen wieder auf.
In tiefem Zauber sind wir rings befangen,

„SOMMERNACHT" – EIN FRÜHES GEDICHT THEODOR STORMS

In Liebesträumen schauert die Natur,
Die Zeit steht still –

SIE

O wie du träumst, mein Freund!
Ich fühl den Nachtwind meine Locken streifen,
Und Rosendüfte schwimmen rasch vorüber.
Die Nachtigall verstummt, die Sterne wandeln,
Der Morgen dämmert –

ER

O wie schön du bist!
Der Nachttau hängt in deinen braunen Locken,
Dein Auge leuchtet gleich dem Stern der Nacht!
Wie schön du bist! Kaum wag ich zu erkennen,
Ist es dein Antlitz, das so lieblich schaut,
Ist es die Seele – Beide sind so gleich,
Dass Eines nur das Spiegelbild des Andern.
So bist du ewig!

SIE

Ewig bin ich dein!

Das Gedicht „Sommernacht" gehört zu den frühesten Gedichten, die Storm geschrieben hat (1846 entstanden). Er selbst hat es nicht veröffentlicht. Erst Paul Schütze, der erste Biograph des Dichters, hat vom Dichter 1887 die Erlaubnis bekommen, den Schlussteil des Gedichts (von der Zeile „Musik ist alles") in seiner Biographie abzudrucken[1]. Erst jetzt,

d. h. in der Klassiker-Ausgabe (1987/88)[2], ist das Gedicht nach einer wiederentdeckten Handschrift zum ersten Mal vollständig veröffentlicht worden. Das Gedicht hat Storm als junger Rechtsanwalt im Februar 1846 anlässlich der Silberhochzeit seiner Schwiegereltern Esmarch verfasst. Das bestätigt die neue 2-bändige Ausgabe der Brautbriefe (am 30. Januar 1846 hat Storm seiner Braut den Entwurf für dieses Festgedicht mitgeteilt)[3].

Das Gedicht „Sommernacht" ist mehr als ein Gelegenheitsgedicht für eine Silberhochzeit. Storm hat hier Motive aus Gedichten der von ihm besonders verehrten Dichter Goethe, Eichendorff und Mörike verarbeitet.

In seinem „Sommernacht"-Gedicht klingen besonders Goethe-Gedichte aus dem „Westöstlichen Diwan" an (mit dem sich Storm damals beschäftigt hat), z. B. aus dem „Schenkenbuch" und dem Buch „Suleika". Schon mit dem Titel seines Gedichts bezieht Storm sich auf Goethes Gedicht „Sommernacht" im „Westöstlichen Diwan", außerdem wird Goethe angesprochen mit den Motiven „Rose" und „Nachtigall" (in Goethes Gedicht „Dichter"), „braune Locken" (im Gedicht „Schenke") und mit „Bulbul", der persischen Bezeichnung von Nachtigall (in den Gedichten „Schenke" und „Dichter"). Eine Bestätigung dafür, dass diese Anklänge gewollt sind, findet sich ebenfalls in Storms Gedicht: Er nennt „Bulbul", die Nachtigall, „Hafis Vogel", den Vogel des persischen Dichters Hafis (1327–1390), dem Goethe ein ganzes „Buch" gewidmet hat.

Deutlich sind ebenso Anspielungen auf Gedichte von Eichendorff. Storm hat Eichendorffs Dichtung zum ersten Mal während seiner Schulzeit in Lübeck (1835–1837) kennen gelernt, später ist er dem Dichter in Berlin auch persönlich begegnet. „In seinen Augen" – so berichtet er damals nach Hause – „liegt noch die ganze Romantik seiner wunderbar poetischen Welt" (an die Eltern 24.2.1854).

Die Romantik der Eichendorff'schen Welt lässt Storm in seinem „Sommernacht"-Gedicht anklingen, wenn dort von „Mondenlicht" und „Mondesnebel", vom „Schlagen der Nachtigall", von „Wiesenplanen", „Quellen", „Tautropfen", von Elfen, von „zarten", „träumerisch" und „weichen" Lauten die Rede ist.[4] Direkt angesprochen ist Eichendorffs Gedicht „Lockung", das mit den Worten beginnt: „Hörst du nicht die Blätter rauschen?" Die erste Zeile des Storm-Gedichts „Hörst du es jetzt?" ist gleichsam die Wiederholung dieser Frage.

Für die Gedichte Eduard Mörikes hat sich Storm schon als Student begeistert. So ist es kein Wunder, dass er in dem Gedicht „Sommernacht" auch auf diesen von ihm geliebten Dichter hinweist. Ebenso wie Mörike in seinem Gedicht „Gesang zu zweien in der Nacht" benutzt Storm die Dialogform: Bei Mörike beginnt das Gedicht mit „Sie": „wie süß der Nachtwind um die Wiese streift" und „Er" antwortet: „Vernehm' ich doch die wunderbarsten Stimmen".

Die Verweise auf Goethe, Eichendorff und Mörike sind so deutlich, dass man hier von einer versteckten Huldigung an diese drei Dichter sprechen darf. Gerade diese drei Dichter verehrte der junge Storm besonders, und diesen Dichtern verdankte seine frühe Lyrik viel. So steckt in dem Gedicht „Sommernacht" auch eine Art Dankgedicht.

Wenn man Storms Gedicht „Sommernacht" mit den vorher genannten Gedichten Goethes, Eichendorffs und Mörikes vergleicht, fällt sogleich ein gewichtiger Unterschied auf. Trotz der vielen Motive, wie wir sie aus den Gedichten der Romantik kennen, ist Storms Gedicht kein romantisches Gedicht, schon von der Funktion her: das Gedicht soll von den beiden Liebesleuten, von Theodor Storm und seiner Braut Constanze Esmarch, anlässlich der Silberhochzeit der Eltern der Braut am 14. Februar 1846 vorgetragen werden. In Storms Brief an Constanze vom 30.1./1.2.1846 hat sich eine entsprechende Anweisung erhalten. Da heißt es z.B.: „Mondesdämmerung" [ursprünglicher Titel]: Er. Sie (wir beide) nach dieser Szene erscheint der Genius der Zeit…".[5] Und auch Inhalt und Hintergrund sind nicht romantisch, sondern eher realistisch. Storm hat die Dissonanzen, die Neckereien und Streitereien zwischen ihm und seiner Braut, wie sie uns durch den Briefwechsel überliefert sind, ebenso ins Gedicht hineingenommen wie die Liebesschwüre und die „braunen Locken der Braut".[6]

Diese realistischen Akzente sind ja ganz „unromantisch". Die Romantiker strebten nach Harmonie, nach dem Einswerden mit der unendlichen Natur, sahen in der Nacht unter dem Sternenzelt und im Mondenschein die Möglichkeit, die irdische Enge – jedenfalls geistig und gefühlsmäßig – zu verlassen und dem Unendlichen näher zu kommen (vgl. z. B. Eichendorffs Gedicht „Mondnacht": „Es war, als hätt der Himmel/Die Erde still geküsst…").

Ganz deutlich werden die Unterschiede, wenn man Storms Gedicht mit Mörikes Gedicht „Gesang zu zweien in der Nacht" vergleicht: Bei Mörike befinden sich die Stimmen der Liebenden im Einklang; sein Gedicht ist ein gemeinsamer Hymnus auf die Nacht und das in ihr verborgene Geheimnis der Schöpfung. Bei Storm jedoch treten auch Dissonanzen auf: Die Liebenden machen sich Vorwürfe („Hörst du es jetzt? … Noch immer nicht? … Einfältig Kind!"), sie necken und streiten sich („Ich schließ den Mund dir! … Du arger Schelm!"), sie sind keineswegs einer Meinung („Du böser Mann, ach zum Verzweifeln ist es,/Dass du und ich so zweier Meinung sind."). Erst im Schlussteil finden sie zusammen, lösen sich die Dissonanzen auf. Insofern hat der „Gesang zu zweien" bei Storm mehr Realität. Während „Er" und „Sie" bei Mörike eigentlich gar nicht mehr sichtbar werden, werden bei Storm jedenfalls Konturen gezeichnet: Jeder von den beiden Liebenden spielt eine eigene Rolle; sogar individuelle Eigenarten werden sichtbar: mangelnde Sensibilität beim Mann („Du kennst doch sonst den Schlag der Nachtigall!") und Angst vor den unsichtbaren Geistern der Nacht bei der Frau („Mir graut vor deinen Elfen"). Bei Storm lösen sich die Dissonanzen erst im Schlussteil auf. Aber es geht bei Storm nicht (wie im Mörike'schen Gedicht: „Du schwärmst, es schwärmt der Schöpfung Seele mit!") um romantisches Aufgehen des Individuellen im Unendlichen und um Aufhebung der Spannung zwischen dem Einzelnen und dem Ganzen. Zwar ist die Welt, mit der Storm die beiden Liebenden umgibt, ganz und gar „romantisch" und die Atmosphäre ist ganz dazu angetan, sich aus der endlichen Welt zu lösen und aufgehen im Unendlichen (Storm: „In tiefem Zauber sind wir rings befangen,/In Liebesträumen schauert die Natur./Die Zeit steht still"). Aber dieser Zauber führt die Liebenden in Storms „Sommernacht" nicht zum Vergessen ihrer Endlichkeit, im Gegenteil, führt sie wieder „auf die Erde" zurück („O, wie du träumst, mein Freund") und gipfelt ganz realistisch, ganz banal in einer Liebeserklärung: Er schwärmt von der „ewigen" Schönheit der Geliebten, und sie schwört ihm ewige Liebe. Man kann sagen: Storm führt die Leser, die Liebenden, aus der romantischen in die realistische Welt.

Anmerkungen:

1. Teilabdruck in Paul Schütze: Theodor Storm, Berlin (Paetel 1887, S. 75).
2. Theodor Storm: Sämtliche Werke in 4 Bänden, hg. von K. E. Laage und D. Lohmeier, Klassiker-Verlag, Frankfurt 1987/88, Bd. I, S. 245
3. Theodor Storm – Constanze Esmarch, Briefwechsel, Kritische Ausgabe, hg. von Regina Fasold, 2 Bände, Erich Schmidt-Verlag, Berlin, 2002, hier Bd. II, S. 189
4. Besonders Gedichte wie Eichendorffs „Mondnacht", „Lockung", „Frühlingsnacht", „Abschied", aber auch Clemens Brentanos Gedicht „Abendständchen" klingen an (Letzteres hat Storm selbst in seinem Gedicht „Ständchen" angesprochen).
5. In der Briefausgabe (Anm. 3), Bd. II, S. 189
6. In der Briefausgabe (Anm. 3) vgl. z. B. Bd. I, S. 196 („mein braunes Reh") und S. 302 ("ewig Dein"), und Bd. II, S. 441 („böser Mann")

Theodor Storm und der „Schobüller Berg"

Der Schobüller Berg ist eigentlich kein „Berg", sondern ein etwa 30 Meter hoher Ausläufer der schleswig-holsteinischen sandigen Geest, der bei Schobüll bis ans Meer reicht. Mit seinen am Hang liegenden Ortschaften Schobüll, Hockensbüll und Halebüll ist er heute und war der Schobüller Berg schon früher ein beliebtes Ausflugsziel für die Husumer. Spaziergänge zum Schobüller Berg und von dort zur Stadt zurück hat schon Theodor Storm gern unternommen. Zu seiner Zeit stellte sich der Schobüller Berg dem Spaziergänger aber ganz anders dar als heute. Erst um 1911 wurde dieser Teil des Geestrückens aufgeforstet. Wo heute Wälder stehen und gepflegt werden, bedeckten damals weite Heideflächen den Berg. Die Schobüller Kirche stand – wie Bilder aus der Zeit bestätigen – einsam da, ringsum Heide, weder Bäume noch Häuser (vgl. die Abbildung).

Da hier kein Deich die Sicht behindert (und das ist einzigartig an der schleswig-holsteinischen Westküste), hatte man zu Storms Zeit vom Schobüller Berg und auch heute noch einen einzigartigen freien Blick auf das Meer. Storm war begeistert von diesem Anblick und beschreibt sein Erlebnis in einem Brief und einem Gedicht an seine Braut Constanze Esmarch am 27. August 1845 „Nachmittag 5 Uhr" (vgl. LL I, S. 241 bzw. S. 960 f. und auch die Briefausgabe Anm. 3: I, S. 231):

„(...) eben in diesem Augenblick komme ich in dem prächtigen Wetter recht froh und wohl von Hattstedt zurück; ich marschirte über den Schobüller Berg, es war wunderschön, ich pflückte wieder dieselben Blumen, die wir zusammen gepflückt haben, und dachte an Dich und wie ich so ging, so wurde alles rhythmisch und harmonisch und auch die Worte; das Meer mit den Inseln glänzte lustig zu meinen Füßen. Da klangs:

Auf dem hohen Küstensande
Wandre ich im Sonnenstrahl;
Ueber die beglänzten Lande
Bald zum Meere, bald zum Strande
Irrt mein Auge tausendmal.

Aber die Gedanken tragen
Durch des Himmels ewig Blau
Weiter als der Wellen Schlagen
Als der kühnsten Augen Wagen
Mich zur heißgeliebten Frau.

Und an ihre Thüre klink ich,
Und es ruft so süß: Herein!
Und in ihre Arme sink ich
Und an ihren Lippen trink ich
Und aufs Neue ist sie mein!

Diese Erlebnisse haben sich dem Dichter so tief eingeprägt, dass er sich noch zehn Jahre später, 1856, in Heiligenstadt, also in der „Fremde", an solche Spaziergänge erinnert. In mehrere Exemplare seiner von Ludwig Pietsch (1856) illustrierten Ausgabe von „Immensee" hat Storm folgende Verse hineingeschrieben so z. B. an die Eltern 10.12.1856):

„Aus diesen Blättern steigt der Duft des Veilchens,
Das dort zu Haus auf unsren Heiden stand,
Jahr aus und ein, von welchem Keiner wußte,
Und das ich später nirgends wieder fand."

Diese Verse stehen in engster Beziehung zum Schobüller Berg. Seinem Berliner Freund Friedrich Eggers hat er nämlich um dieselbe Zeit die Verse folgendermaßen erläutert (20.12.1856): „Dieses Veilchen ist keine poetische Fiktion; es wuchs bei Husum auf der Heide des Schobüller Bergs – eines Teils von dem durch unser Land gehenden Sandrücken –, war von unscheinbarerer Farbe als das in den Gärten blühende tiefblaue Veilchen, hatte aber den starken aromatischen Duft der Heide. Auch ist es wahr, daß es, soviel ich weiß, von niemandem außer mir beachtet worden ist."

Der Weg von Husum über Hockensbüll, am Ostrand des „Schobüller Bergs" entlang nach Hattstedt (heute: „Alte Landstraße"), gehört zu den schönsten Jugendeindrücken des jungen Storm. In einem Brief an den Münchner Dichterfreund Paul Heyse (29. Juni 1876) bestätigt Storm[1], dass die Eindrücke, die er in der Einleitung der Novelle „Aquis submersus" beschreibt, auf persönlichen Erlebnissen beruhen (LL II 378 f.):

Der „Schobüller Berg", Blick auf Kirche und Meer, vor der Aufforstung (1915). Zeichnung aus dem Band von Christian Jensen „Vom Dünenstrand der Nordsee und vom Wattenmeer" (um 1900)

„… meine Augen wenden unwillkürlich sich nach Norden, wo, kaum eine Meile fern, der graue, spitze Kirchturm aus dem höher belegenen, aber öden Küstenlande aufsteigt; denn dort liegt eine von den Stätten meiner Jugend.

Der Pastorssohn aus jenem Dorfe besuchte mit mir die ‚Gelehrtenschule' meiner Vaterstadt, und unzählige Male sind wir am Sonnabendnachmittags zusammen dahinaus gewandert, um dann am Sonntagabend oder Montags früh zu unserem Nepos oder später zu unserem Cicero nach der Stadt zurückzukehren. Es war damals auf der Mitte des Weges noch ein gut Stück ungebrochener Heide übrig, wie sie sich einst nach der einen Seite bis fast zur Stadt, nach der anderen ebenso gegen das Dorf erstreckt hatte. Hier summten auf den Blüten des duftenden Heidekrauts die Immen und weißgrauen Hummeln und rannte unter den dürren Stengeln desselben der schöne, goldgrüne Laubkäfer; hier in den Duftwolken der Eriken und des harzigen Gagelstrauches schwebten Schmetterlinge, die nirgends sonst zu finden waren. Mein ungeduldig dem Elternhaus zustrebender Freund hatte oft seine liebe Not, seinen träumerischen Genossen durch all die Herrlichkeiten mit sich fortzubringen; hatten wir jedoch das angebaute Feld erreicht, dann ging es auch um desto munterer vorwärts, und bald, wenn wir nur erst den langen Sandweg hinaufwateten, erblickten wir auch schon über dem dunklen Grün einer Fliederhecke den Giebel des Pastorenhauses, aus dem das Studierzimmer des Hausherrn mit seinen kleinen, blinden Fensterscheiben auf die bekannten Gäste hinabgrüßte."

Das alte strohgedeckte Wirtshaus, das am Anfang der heutigen „Alten Landstraße" liegt, die von Husum am Fuße des „Schobüller Bergs" nach Hattstedt führt, war ein beliebter Ausflugsort für die Husumer Bürger. Als Primaner ist auch Storm mit seinen Kameraden bei der Wirtin „Trina Hockensbüll" eingekehrt (heute restauriert: „Zum Krug"). Noch 1867, nach der Einweihung ihres neuen Schulgebäudes, haben einige ehemalige

Primaner in Erinnerung an alte Zeiten „Trina Hockensbüll" einen Besuch abgestattet.[2]

Dass das alte Wirtshaus in Hockensbüll von Storm gern aufgesucht wurde, ergibt sich aus seinem Brief an Brinkmann vom 11. September 1852, wo es heißt: „Es ist bald 7 Uhr Abends. Eben komme ich mit Constanze und Agnes von Hockensbüll zurück, wo wir mit Trina von alten Zeiten gesprochen haben."

Von einem Ausflug nach Hockensbüll scheinen auch die ersten drei Strophen des berühmten „Ostern"-Gedichts beeinflusst zu sein.[3] Am „Zweiten Ostertag" nämlich, am 13. April 1846, erzählt Storm seiner Braut von einem Ausflug, den er mit Bekannten nach Hockensbüll unternommen hat. Da heißt es (vgl. den Brief an Constanze[4]):

„Nachmittags nach 6 U. Dunkle Gewitterluft, Regen, mitunter Donnerschläge. Vorhin war ich in großer Gesellschaft, Landvogts, Jensens Postmeisters mit Br(inkmann) in Hockensbüll. Diese schönen Frühlingstage machen mir immer das Herz schwer, d. h. sie stimmen mein Herz so zärtlich, und in Haus und Garten suche ich vergeblich Deine liebliche Gestalt. Heut Vormittag, wo wirklich eine Junyluft war, bin ich die ganze Zeit genießend und dichtend im Garten umhergegangen; ein politisch Gedicht wollte ich machen, das mit dem Frühling beginnen sollte, aber ich konnte über diesen nicht hinaus."

Storm zitiert dann die an diesem Tag entworfenen Verse seines „Oster"-Gedichts:

> Hochoben stand ich auf dem Meeresdeich
> Und ließ den Blick am Horizonte gleiten;
> Fern schollen Osterglocken voll und weich,
> Der Auferstehung Feier einzuläuten.
> Wie fließend Silber funkelte das Meer,
> Die Inseln schwammen auf dem klaren Spiegel;

Die Möwen schossen blendend hin und her
Und tauchten in die Fluth die weißen Flügel.
Im tiefen Kooge bis zum Deichesrand
War sammetgrün die Wiese aufgegangen;
Der Frühling zog, ein König, über Land;
Die Lerchen jauchzten und die Knospen sprangen.

Das sind offensichtlich drei Strophen eines Natur- und Frühlingsgedichts, in dem sich die Stimmung des Ostertages vom April 1846 und wohl auch des Ausflugs nach Hockensbüll niedergeschlagen haben. Ein politisches Gedicht unter derselben Überschrift, aber mit acht Strophen, ist dem Dichter erst zwei Jahre später gelungen, als die Auseinandersetzungen mit Dänemark in einen Krieg übergegangen waren.[5] Das – inzwischen überarbeitete – Gedicht endet dann – 1848 – mit der politischen Mahnung „Das Land ist unser, unser soll es bleiben."

Anmerkungen:

1. Storm an Paul Heyse am 20. Juni 1876: „Die Dorfkirche in der Dichtung ist übrigens die des unweit von Husum belegenen Dorfes Hattstedt, wohin ich, wie in der Einleitung geschildert, oft mit dem Pastorensohn hinausging."
2. Vgl. den Brief Storms an seinen Sohn Hans vom 20.10.1867 (Trina war allerdings nach „Petersburg" an der Bredstedter Straße umgezogen).
3. Vgl. dazu auch die beiden Artikel von Felix Schmeißer, in den „Husumer Nachrichten" (um 1949) „Theodor Storms Ostern" und „150 Jahre Dorfkrug am friesischen Küstenweg" (Kopien im Husumer Storm-Archiv)
4. Vgl. in der Briefausgabe: Theodor Storm – Constanze Esmarch. Teil II, hg. von Regina Fasold, Erich Schmidt Verlag. Berlin 2002, Teil II, S. 260.
5. Vgl. dazu K. E. Laage, Theodor Storms öffentliches Wirken. Eine politische Biographie, Heide: S. 24 f.

Schicksalsjahre im Haus Neustadt 56

Einen neuen, bedeutsamen Lebensabschnitt hat Theodor Storm begonnen, als er am 7. November 1845 seiner Braut Constanze in Segeberg mitteilte, dass er umgezogen sei. Anstelle der beiden vom Hinterhof zugänglichen Zimmer in der Großstraße (Nr. 11) stand ihm nun ein komfortables Haus mit 10 Zimmern und einem großen Garten zur Verfügung.

Links vom Flur lag das Wohnzimmer mit einem „Ausbau", von dem man bis nach „Rödemis" sehen konnte (so an Constanze: 7. und 8.11.1845); rechts das Schlafzimmer des Dichters mit Ausblick auf den Garten. Überall kunstvoll geschnitzte Türen (aus der Zeit um 1750). Dass der Vater dem Sohn dieses Haus „schuldenfrei" schenkte (so an Constanze: 19.11.1845), beflügelte den jungen Rechtsanwalt. Mit Feuereifer hat er noch im Spätherbst begonnen, den Garten für Constanze umzugestalten, entsprechend Pläne zu zeichnen (24.11.1845). Im Winter hat er noch „zwei Plätze für Bänke" eingerichtet (28.11.1845), und zwischen den „Spalierlinden" für einen „Teeplatz" „Geißblatt" gepflanzt (1.12.1845).

Aber auch als Rechtsanwalt ist er außerordentlich fleißig gewesen; hat er – wie er es seiner Braut gegenüber ausdrückt – „scharf gearbeitet" (15.11.1845), es galt ja, die Schulden, die er als Student gemacht hatte, noch vor der Hochzeit abzuarbeiten.

Neben der Arbeit als Rechtsanwalt hat Storm sich in diesen Jahren als tüchtiger Chorleiter bewährt. Ihm wurde die Ehre zuteil, den dänischen König auf der Treppe des Husumer Schlosses mit dem Gesang seines Chores zu empfangen. Außerdem hat er mehrere öffentliche Konzerte gegeben; z. B. am 2.7.1846 sang sein Chor „auf dem hiesigen Rathaussaale" den 42. Psalm von Mendelssohn-Bartholdy und Storm selbst sang Bellinis Arie „Lebwohl mein flandrisch Mädchen". Am 8. September 1846 führte sein Chor „Übungsszenen" aus Lortzings „Zar und Zimmermann" auf. Nach der Hochzeit konnte Storm mit seinem Chor nur noch ein weiteres Chorkonzert aufführen (mit „Meeres-Stille" und „Glückliche Fahrt" von Ludvig van Beethoven am 12.3.1847). Dann haben die politischen Verhältnisse zur Auflösung des Chors geführt. Erst am 31.1.1865 wurde ein erstes Konzert des von Storm neu gegründeten Gesangsvereins für „gemischten Chor" möglich.

Husum, Neustadt 56, Wohnhaus und Rechtsanwaltspraxis Storms 1845–1853 (so bis heute erhalten). Das Haus war – wie inzwischen festgestellt worden ist – schon 1818 bis 1821 Wohnhaus der jungen Storm-Familie und damit Schauplatz der Kindheitserinnerungen des kleinen Theodor. (StA Husum)

Die große Zahl der Verlobungsbriefe[1] (insgesamt 200 Briefe sind erhalten und ediert), viele davon „aus der Neustadt-Zeit", machen deutlich, wie ernsthaft die jungen Leute sich auf die Ehe vorbereitet haben. Über die „Hauptaufgabe der Ehe" haben sie – meist von dem jungen Storm angeregt – diskutiert (vgl. z. B. den Brief vom 15./18.12.1845), Haushaltsfragen und -kosten besprochen. Da auch in Segeberg „große Gesellschaften" üblich waren, war auch das ein Thema ihres Briefwechsels (vgl. dazu den Brief vom 8.12.1845): „keine Woche vergeht ohne große Gesellschaften."

Die Hochzeit selbst wurde auf die Mitte des September 1846 in Segeberg festgesetzt. Umständliche Vorbereitungen waren nötig: Ein Art Witwenrente musste abgeschlossen, die Genehmigung für eine Haustrauung („Hauscopulation") musste beantragt werden (für 14 ½ Banktaler erhielt Storm vom „Procurator" des dänischen Königs in Gottorf die Genehmigung). Die eigentliche Hochzeit fand am 15. September 1846 statt. Nach der Trauung im „Rathaussaal" und einem gemeinsamen Mittagessen der Familie verabschiedeten sich die Eheleute, fuhren mit der Kutsche nach Rendsburg, übernachteten dort und fuhren dann weiter nach Husum, kamen abends dort an, stellten sich als Neuvermählte den Eltern des Dichters in der Hohlen Gasse vor und zogen dann in das vom Ehegatten liebevoll eingerichtete Haus Neustadt 56 ein.

Die ersten Ehejahre in Husum[2] waren eine Zeit voller Glück. Auch der Dichter wurde in besonderer Weise angeregt. Werke wie „Marthe und ihre Uhr" (1847) und „Im Saal" (1848) oder Gedichte wie „Schließe mir die Augen beide" (1846) und „Abseits" (1847) sind damals entstanden.

Die frühen Ehejahre führten aber auch zu einer schweren Bedrohung. Wie Storm später – in einem Bekenntnisbrief an seinen Freund Brinkmann – gesteht (21.4.1866), „brach die Leidenschaft <für Doris/Dorothea Jensen, einem 18jährigen Mitglied seines Chores> über mich herein, als die Verstorbene <Constanze> schon mein Weib war" – „da war jene berauschende Atmosphäre, der ich nicht widerstehen konnte", „eine Leidenschaft …, die jahrelang dauerte", (wahrscheinlich vom Ende des Jahres 1846 bis Herbst 1848, aber nicht bis zur Geburt des Sohnes Hans: 25.12.1848).

In der Novelle „Immensee", die Storm 1849 vollendete und die ein Welterfolg wurde (im Verlag Duncker, Berlin, bis 1882: 30 Auflagen!), sind Motive der Dorothea-Affäre verarbeitet.

Die politische Wirklichkeit – die Auseinandersetzungen mit Dänemark – forderte von dem jungen Dichter höchsten Einsatz: Storm unterschrieb z. B. zwei „Petitionen", die die Absetzung des dänischen Königs verlangten. Außerdem unterstützte Storm Theodor Mommsen mit Beiträgen für die „Schleswig-holsteinische Zeitung", griff auch mit Gedichten in das politische Geschehen ein, z. B. mit dem Gedicht „Ostern" („Das Land ist unser, unser soll es bleiben!").

So kam, was kommen musste: Storms Bestallung als Rechtsanwalt wurde im November 1852 vom dänischen König aufgehoben. Storm hatte – wie es hieß – seine „schleswig-holsteinische Gesinnung" gegenüber der dänischen „Obrigkeit" „mannigfach manifestiert". Nach mehrfachen vergeblichen Versuchen, in der Justizverwaltung eine Stelle außerhalb Schleswig-Holsteins zu finden, erhielt er zuletzt im November 1853 eine Zusage für eine Stelle als „Assessor" am Kreisgericht in Potsdam. Mit dem Gedicht „Abschied" verabschiedete er sich von Husum (LL I, 63 f.):

„Kein Wort, auch nicht das kleinste, kann ich sagen,
Wozu das Herz den vollen Schlag verwehrt;
Die Stunde drängt, gerüstet steht der Wagen,
Es ist die Fahrt der Heimat abgekehrt."
(…)

Am 23. November 1853 ist Storm im Berliner Kammergericht in der Lindenstraße auf die preußische Verfassung vereidigt worden. Das war für ihn – wie er es seiner Frau gegenüber ausgesprochen hat (24.11.1853) „ein recht sauerer Gang, ... dabei das drückende Gefühl, in einem fremden Lande, wo einem doch der Boden unter den Füßen fehlt, in ein Verhältnis der Unterordnung zu treten, dienen, was ich nie gekonnt habe."

Anmerkungen:

1. Vgl. die „Verlobungsbriefe" in der Ausgabe von Regina Fasold: „Theodor Storm – Constanze Esmarch", Teil I und II, Berlin: Erich Schmidt Verlag 2002.
2. Für die ersten Ehejahre vgl. die Ausgabe von Regina Fasold: „Theodor Storm – Constanze Storm", Berlin: Erich Schmidt Verlag 2009.

„Storm-Stätten" in Berlin

Im Mai 1838 hat Storm sein Jura-Studium an der Kieler Universität unterbrochen und für zwei Semester sein Studium an der Berliner Humboldt-Universität fortgesetzt. Mit seinem Lübecker Freund Ferdinand Röse ist er vom Hamburg aus in einer „preußischen Postkutsche" in Berlin angekommen. Seine Einfahrt und die ersten Tage in Berlin beschreibt er in den – erst 150 Jahre danach entdeckten (LL IV, 448 ff.) – „Beroliniana des Studiosen Nordheim": Sein Mitfahrer „Doktor Antonio" rüttelt ihn wach mit den Worten „Menschenskind, so schau doch um dich; wir sind schon im Tiergarten, unmittelbar vor Berlin", und ein Berliner Reisekumpan fügt hinzu: „Stecken Se den Kopp doch weiter rausser, da werden Se schon de Pferde uff d' Brandenburger Dor sehen kennen. Na, Se werden de Oogen uffreißen, des is eene Stadt; Berlin, des is eene einzig

Berlin: Brandenburger Tor. (Stahlstich des Bibliographischen Instituts, Hildburghausen 1840)

schöne Stadt." Und der Doktor fährt fort: „da fahren wir durchs Tor. – Nun bist du in Berlin. Hier sind meine lieben Linden…"

Am 12. Mai 1838 hat Storm sich dann mit seinem Geburtsort („Husum, Herzogth<um> Schleswig") eingetragen in das „Immatrikulationsregister" der Humboldt-Universität, mit dem Vermerk, dass er die „Rechte" studieren wolle.

Storm wohnte nicht weit vom Brandenburger Tor in der „Behrenstraße Nr. 13, 3 Treppen hoch" (Brief an seine Mutter, 1.8.1838), Ecke „Canonierstr." (heute Glinkastraße, die damalige Bebauung allerdings ist der Gründerzeit vollständig zum Opfer gefallen). Sein Zimmer ist „wohl eingerichtet, aber über „sieben und siebzig Stufen" zu erreichen; und der Studiosus „kann nicht umhin", „von Wanzen zu berichten" (LL IV, 453 ff.).

Die Berliner Universität, die Storm Ostern 1838 bis Herbst 1839 besuchte. (Alte Aufnahme, StA Husum: Wooley-Bildnachlass)

Dennoch waren es für Storm offenbar zwei fröhliche Semester. Erhalten ist z. B. das Programm eines „Lustspiels in einem Akt", das Storm mit seinen Studentenfreunden aufgeführt hat (LL IV, 468): Er selbst spielte den „unverbesserlichen Liebhaber", und in einem „Vaudeville" <Singspiel> wirkt Storm mit als „erster Tenorist", auch das „Lied vom Vater" stammt von ihm, dem „Opernregisseur" Storm.

Ein Ausflug zu einer Havelinsel (zur Pfaueninsel?) hat wahrscheinlich die Anregung gegeben zu der berühmten Wasserlilien-Szene in der Novelle „Immensee" (so an G. Eckermann, 2.4.1885). Diese Szene ist ein Sinnbild dafür, warum Reinhardts Liebe zu Elisabeth keine Erfüllung findet (LL I, 322 ff.):

„Die Wälder standen schweigend und warfen ihr Dunkel weit auf den See hinaus… Einen Steinwurf vom Lande konnte er <Reinhardt> eine weiße Wasserlilie erkennen … Er schwamm langsam hinaus… Endlich war er der Blume so nahe gekommen, daß er die silbernen Blätter deutlich im Mondlicht unterscheiden konnte; zugleich aber fühlte er sich wie in einem Netz verstrickt, die glatten Stengel langten vom Grund herauf und rankten sich an seine nackten Glieder… Es wurde ihm plötzlich so unheimlich in dem fremden Elemente, daß er mit Gewalt das Gestrick der Pflanzen zerriß und in atemloser Hast dem Land zuschwamm."

Storm berichtet aber auch von „Theaterabenden" im „Königlichen Schauspielhaus" (am Gendarmenmarkt), insbesondere von einer „Faust"-Aufführung, die ihm durch den bekannten Schauspieler Seidelmann „bedeutsam" wurde (LL IV, 445).

Später, in den Jahren 1852/53, während seiner Bemühungen um Aufnahme in den preußischen Justizdienst, und dann 1854/56, während seines Potsdamer Exils, hat Storm sich häufig in Berlin aufgehalten. Im September 1853 z. B. wohnte er bei dem Kunsthistoriker Franz Kugler in der Nähe des „Halleschen Tors" („Friedrichstraße Nr. 242"). Hier begegnete

Storm dem von ihm verehrten Dichter Joseph von Eichendorff: „In seinen stillen blauen Augen liegt noch die ganze Romantik seiner wundervoll poetischen Welt" (Storm an s. Eltern, 24.2.1854).

Eine „Stormstätte" besonderer Art ist das alte königliche Kammergericht, das heutige Museum in der Lindenstraße (vgl. hier die Abbildung). Hier wurde der Schleswig-Holsteiner Theodor Storm am 23. November 1853 auf die preußische Verfassung vereidigt, und man kann sich dort heute noch sehr gut Storms damalige Situation vorstellen (an seine Frau): „ich stand eine ganze ewig lange halbe Stunde ganz einsam an die Wand gelehnt und wartete der Vorladung; dabei das bedrückende Gefühl, in einem wildfremden Lande … in ein Verhältnis der Unterordnung zu treten…"

Berlin: Königliches Kammergericht in der Lindenstraße, wo Storm im November 1853 auf die preußische Verfassung vereidigt wurde. Alte Aufnahme (heute: Teil des „Jüdischen Museums"). (Storm-Archiv, Husum)

Berlin war auch der Aufführungsort eines frühen Storm'schen Werkes, der „Märchen-Szenen" zu „Schneewittchen" (LL I, 108–113). Die Aufführung fand im „Friedrich-Wilhelmstädtischen Theater" (nicht erhalten; damals: Chausseestraße 25/26, in der Nähe der heutigen U-Bahn-Station „Zinnowitzer Straße") am 15. April 1855 statt. Das Stück war als „Kinder-Theater" angekündigt unter dem Titel „Schneewittchen und die sieben Zwerge" – „Dramatische Märchenszene in 1 Akt von Theodor Storm". Der Dichter ist mit seinen beiden Söhnen zur Aufführung von Potsdam hinübergefahren. In einem Brief an die Eltern berichtete er: „Hans und Ernst beklatschten das Werk ihres Vaters nach Verdienst..." (24.4.1855).

Im Frühling 1855 hat Storm – wie wir von Ludwig Pietsch wissen[1] – eine Gemäldeausstellung im Gebäude der „Kunstakademie" besucht (Unter den Linden/Ecke Charlottenstraße, neben der Universität: Das Gebäude wurde 1903/4 durch den Bau der Preußischen Staatsbibliothek ersetzt). Das „Wahnsinnsbild" (Pietsch), das Gemälde „Dämonische Landschaft" von Karl Blechen, hat Storm damals stark beeindruckt.

Später, 1875, hat er dann die Schlussszenen seiner Novelle „Psyche" in dieses „Akademiegebäude" verlegt (LL II, 333 f.):

„Es war Winter gewesen und Frühling geworden; aber auch der und der halbe Sommer waren schon dahin gegangen; die Linden in der breiten Straße der Hauptstadt standen bestaubt, mit fast verdorrten Blättern. Statt der Natur, die hier so früh schon ihre Herrlichkeit zurücknahm, hatte die Kunst ihre Schätze ausgebreitet. Es war das Jahr der Kunstausstellung; die Tore des Akademiegebäudes hatten schon seit einigen Wochen dem Publikum offengestanden.

Unter den Werken der Bildhauerkunst war es besonders eine in halber Lebensgröße ausgeführte Marmorgruppe, welche die Teilnahme von Alt und Jung in Anspruch nahm. Ein junger schilfbekränzter Stromgott, an abschüssigem Ufer emporsteigend, hielt eine entzückende Mädchengestalt auf seinen Armen. Trotz des zurückgesunkenen Hauptes und der geschlossenen Augen der letzteren sah man fast wie lauschend die Menschen an das Bild herantreten, als ob sie in jedem Augenblick den ersten neu erwachten Atemzug in der jungen Brust erwarten müßten. – „Die Rettung der Psyche" war das Werk im Katalog bezeichnet."

Mehrfach hat Storm Theodor Fontane in dessen damaliger Wohnung Louisenstraße 35 besucht und mit ihm zusammen an den Sitzungen des Poetenklubs „Tunnel über der Spree" teilgenommen. Während der „Tunnel"-Sitzung vom 2. Januar 1853 wurde er durch den Vortrag der Kuglerschen Ballade „Stanislaw Oswiecim" zu seiner ‚Gegenballade' „Schlimmes Lieben", später unter dem Titel „Geschwisterblut" (LL I, 26 f.) angeregt, von der Gottfried Keller gesagt hat, das sei „die ergreifendste Lyrik, die es geben könne" (an Storm, 19.11.1884).

Das Stiftungsfest des „Tunnels über der Spree", das am 3. Dezember 1854 in „Arnims Hotel" (Unter den Linden Nr. 41) stattfand, ist Storm lange im Gedächtnis geblieben: Fontane hatte hier zum ersten Mal seine Ballade „Archibald Douglas" vorgetragen (Storm an Fontane 25.5.1868: „'Da wollen wir fischen u. jagen froh, als wie in alter Zeit' ist ein sehr bekannter Klang in meinem Hause; nie vergeß ich den Abend in dem Hotel unter den Linden, wo Sie es beim Rütlischmaus so ‚frisch vom Quell' heraus zum Besten gaben".)

Der Spaziergang in den Tiergarten, durch das Brandenburger Tor und zum Kaffee Kranzler (damals: Unter den Linden Nr. 25, Ecke Friedrichstraße), den Fontane und Storm in den 60-er Jahren gemeinsam unternommen haben, ist durch Fontanes amüsante Schilderung in „Von Zwanzig bis Dreißig" (1894/6)[2] unsterblich geworden. Wir sehen die beiden Dichter – Storm in „leinenen Beinkleidern und leinener Weste", „darüber ein grünes Röckchen, Reisehut und Schal" von „endloser Länge", die Linden „heruntermarschieren" bis „an die berühmte Ecke", Gespräche „über Möricke" führend.

Im Jahr 1884 hat Storm noch einmal eine große Berlin-Reise unternommen (er war damals insgesamt sechs Wochen unterwegs). Er wohnte bei seinem Freund, dem ehemaligen Heiligenstädter Landrat von Wussow (Potsdamer Straße 59), der inzwischen zum Geheimen Oberregierungsrat im Kultusministerium avanciert war.

Storm war damals – d. h. in den 80-er Jahren – ein weithin bekannter Dichter. So erklärt sich die Tatsache, dass man ihn in Berlin geradezu hofierte. Von dem Generalintendanten der Königlichen Schauspiele Botho von Hülsen z. B. wurde er zum Abendsouper eingeladen, und dieser vermittelte ihm Logenplätze für die Aufführungen von Richard Wagners „Walküre" und Ernst von Wildenbruchs Drama „Die Karolinger".

Die damalige Begegnung mit den alten „Tunnel"- und „Rütli"-Freunden aus den 50-er Jahren war für Storm „so etwas wie Erinnerung auf Ruinen". Viele – wie Blomberg, Bormann, Eggers, Lucae, von Merckel und Scherenberg lebten nicht mehr. „Am heitersten u. glücklichsten von unserer alten Garde" (so an Heyse, 6.6.1884) fand Storm den „Chevalier" (Tunnelname für Karl Zöllner), bei dem er mit Fontane zum Abendessen geladen war. Storm fand Fontane „sehr nett", allerdings „sich etwas vereinsamend, wie ins Altenteil sich zurückziehend". Fontane jedoch fasste seinen damaligen Eindruck von der Begegnung mit Storm so zusammen:

„Man empfing von ihm (Storm) einen reinen, schönen Poeteneindruck. In allem Guten war er der Alte geblieben und was von kleinen Schwächen ihm angehangen, das war abgefallen. Alt und jung hatten eine herzliche Freude an ihm und bezeugten ihm die Verehrung, auf die er so reichen Anspruch hatte. Als Lyriker ist er, das Mindeste zu sagen, unter den drei, vier Besten, die nach Goethe kommen" (so in „Von Zwanzig bis Dreißig").

Gegen Ende der Berlin-Reise ehrte das literarische Berlin den Husumer Dichter mit einem offiziellen Empfang im sog. „Englischen Haus" (damals Mohrenstraße 49, in der Nähe der Charlottenstraße; nicht erhalten). Hier hatte 1749 schon der „Berliner Montagsklub" und später – zu Storms Zeit – der „Tunnel über der Spree" getagt. Nach dem „Festmahl", nach Ansprachen des Feuilletonredakteurs der Berliner „Nationalzeitung" Karl Frenzen und Storms altem Freund Professor Theodor Mommsen begab man sich in die „Nebensäle", wo Storm – wie Pietsch in der „Vossischen Zeitung" berichtete (14.5.1884) – „beständig von einer Corona ... schöner und empfindungsvoller Frauen umgeben war". Storm kommentierte die Veranstaltung Gottfried Keller gegenüber lakonisch kurz: „Man hat mich dort etwas angefeiert" (8.6.1884).

Auf einem Spaziergang mit Ludwig Pietsch lernte Storm die Stadt Berlin näher kennen. Sie hatte sich seit seinem letzten Besuch in den 60-er Jahren sehr verändert und zu einer lauten Großstadt entwickelt. Seinen Gesamteindruck fasste Storm dann so zusammen: „Das Ungeheuer Berlin liegt ... hinter mir ...; bin aber gleichwohl doch mit leidlich heiler Haut nach Haus gekommen" (an Schleiden, 18.5. und an G. Keller, 8.6.1884).

Anmerkungen:

1. Ludwig Pietsch: „Wie ich Schriftsteller geworden bin", Berlin 1893, S. 166 f.
2. Theodor Fontane in „Zwanzig bis Dreißig": Nymphenburger Verlagsbuchhandlung 1950 s. Bd. XV, S. 211–213.

Zur Herkunft des Wortes „Husumerei"

In seiner Autobiographie „Von Zwanzig bis Dreißig" hat Fontane ein Kapitel seinem Dichterkollegen Theodor Storm gewidmet (NFA XV, S. 192–215)[1]. Er kritisiert darin – vornehmlich im Rückblick auf seine Begegnung mit ihm in Potsdam und Berlin in den Jahren 1852 bis 1856, – vor allem unter dem Eindruck von Storms „Abneigung gegen alles Preußische", dessen „das richtige Maß überschreitende lokalpatriotische Husumerei" (S. 201). Fontanes Kritik an Storm (aber er verteilt auch höchstes Lob[2]), vor allem seine „amüsante" Darstellung, hat z. T. heftige Reaktionen hervorgerufen[3]; am entschiedensten hat wohl Thomas Mann den Husumer Dichter gegen Fontane verteidigt[4].

Aber eines ist unbestreitbar: Fontane hat mit der Bezeichnung „Husumerei" ein Wort geprägt, das bis heute lebendig geblieben ist. Über das Wort „Husumerei" selbst allerdings und über seine Entstehung hat man sich bisher kaum Gedanken gemacht[5].

„Husumerei" ist eine Wortschöpfung, die sich der Nachsilbe –ei bedient, die die deutsche Sprache verhältnismäßig häufig benutzt, um aus einfachen neutralen Wörtern neue Begriffe zu entwickeln. So wird aus den Bezeichnungen „Bäcker", „Tischler" und „Schlosser" durch Anhängen der Nachsilbe „ei" die Werkstatt des betreffenden Handwerkers („Bäckerei", „Tischlerei", „Schlosserei"). Wenn man „Esel" zu „Eselei" erweitert, entsteht ein ganz neuer Begriff („Dummheit"); der Esel ist dabei nur noch Vergleichsobjekt. Bei „Liebelei" enthält die „Liebe" einen pejorativen Akzent, auch „Schreiberei" ist eindeutig negativ gemeint.

Einen ähnlich negativen Unterton hat das Wort „Oblomowerei". Es ist abgeleitet von dem Namen des Gutsbesitzers Oblomow in dem gleichnamigen, im Jahre 1859 erschienenen Roman „Oblomow" des russischen Dichters Iwan Alexandrowitsch Gontscharow (1812–1891). Oblomow, der von seinem Vater das Gut „Oblomowka" geerbt hat und in St. Petersburg lebt, ist zwar ein Mensch von Bildung, aber es fehlt ihm an Tat- und Entschlusskraft, seine guten Vorsätze zu verwirklichen. Seine Trägheit geht so weit, dass es ihm schon Mühe macht, aufzustehen. Er liegt tagelang im Bett, um hier seinen Gedanken nachzugehen oder Freunde zu empfangen. Er hat als Typ viel Ähnlichkeit mit dem „überflüssigen Menschen", wie wir ihn aus der russischen Literatur dieser Zeit

Theodor Fontane um 1865 (Foto: Loescher und Petsch). (StA Husum)

kennen, z. B. aus Puschkins „Eugen Onegin", Lermontows „Held unserer Zeit" und Turgenjews „Rudin".

Gontscharows Oblomow jedoch ist noch eine Steigerung des „überflüssigen Menschen"; er wird geradezu zu einem Symbol für Entschlusslosigkeit und Trägheit; vor allem auch dadurch, dass der Dichter ihm als Gegentyp seinen Studienkollegen, den Geschäftsmann Andrej Stolz, einen Deutschen, einen Mann voller Energie und Unternehmungsgeist, gegenüberstellt. Dieser Stolz prägt im Roman dann auch den Begriff für die ihm fremde, von Oblomow vertretene Lebensart: Er bezeichnet sie als „Oblomowschtschina"[6], was man mit „Oblomowtum" übersetzen könnte.

Dieses Wort hat der bekannte russische Kritiker N. A. Dobroljubow aufgegriffen und sich in einem Aufsatz unter dem Titel „Tschto takoje oblomowschtschina?" (Was hat es auf sich mit diesem Oblomowtum?)[7] darüber geäußert. Er nennt Oblomow einen „wurzelechten Typ unseres Volkes" und sieht in dem Wort „Oblomowtum" einen „Schlüssel", der „zur Enträtselung vieler Erscheinungen des russischen Lebens" dienen und „zur Überwindung der aufgezeigten Schwächen führen kann"[8].

Im unmittelbaren Umfeld Theodor Fontanes, nämlich in der „Vossischen Zeitung", ist 1883 ein Artikel von Ludwig Pietsch erschienen[9], in dem der Begriff „Oblomowtum" gebraucht wird, allerdings in einer anderen, in der mit dem „ei"-Suffix gebildeten Form, in der Form „Oblomowerei". In diesem Artikel charakterisiert Pietsch seinen kürzlich verstorbenen Freund, den russischen Dichter Iwan Turgenjew, als einen Menschen, dem „die nationale Oblomowerei" „tief im Blut steckte" – ein Artikel übrigens, den Fontane nachweislich gelesen hat[10]. Später, in seinem Erinnerungsbuch „Wie ich Schriftsteller geworden bin" (1893), hat Pietsch diesen Begriff in dieser Form wieder aufgenommen und den Turgenjew-Übersetzer August von Viedert folgendermaßen beschrieben[11]:

„Auch er <Viedert> litt noch in viel stärkerem Grade als sein vergötterter Turgenjew an dem russischen Nationalfehler der „Oblomowerei" der Faulheit (so genannt von der klassischen, typischen Verkörperung dieses Lasters in dem Helden des berühmten Romans von Gotscharews „Oblomow"). Er konnte tagelang auf dem Sopha liegen, ohne das Bedürfnis des Aufstehens oder irgend einer Beschäftigung zu empfinden. Dabei verzehrte er den Inhalt – ganzer Zuckerdosen und trank unendliche Massen Thee mit Rum."

Der Begriff „Oblomowerei" hat sich in den 80-er Jahren in dieser Form offenbar durchgesetzt. Auch der Berliner Journalist Eugen Zabel benutzt ihn in seinem 1885 (2. Aufl. 1887) erschienen Buch „Literarische Streifzüge durch Russland". Im Gontscharow-Kapitel weist er darauf hin, dass man in dem „Substantivum ‚Oblomowerei'" die „eigentümlichen Charaktereigenschaften" Oblomows zusammengefasst habe[12].

Ende der 80-er Jahre hat Fontane – wahrscheinlich beeinflusst von Pietsch und Zabel – den charakterisierenden und karikierenden Effekt von Zusammensetzungen mit dem Suffix „ei" für sich entdeckt. In seinen aus den Jahren 1888/89 stammenden Briefen tauchen solche Wörter plötzlich vermehrt auf. Er spricht nicht nur von seiner „Dichterei" (das ist ja keine ungewöhnliche Wortbildung), sondern auch von „Topfkuckerei", „Renomisterei" und von „Menzelei"[13].

Um dieselbe Zeit hat Fontane entsprechende Begriffe an gleich sieben Stellen in einem Roman benutzt, und zwar in dem zwischen 1887 und 1891 entstandenen Roman „Frau Jenny Treibel". Hier stellt er – vorzugsweise in den letzten Kapiteln des Romans[14] – der „Treibelei" die „Hamburgerei" und die „Felgentreuerei" gegenüber. Und es wird dabei deutlich, dass er an den Verbindungen mit der Nachsilbe „ei" Gefallen gefunden hat, weil sie abwerten und karikieren, aber gleichzeitig ein wenig von dem fontanischen süffisanten Humor ausstrahlen.

So verwundert es uns nicht, wenn Fontane in dem nach Storms Tod begonnenen[15] und 1892 bis 1896 ausgeführten „Storm-Kapitel" der autobiografischen Erinnerungen „Von Zwanzig bis Dreißig" in Anlehnung an das schon gebrauchte Wort „Hamburgerei" ein neues Wort gebildet hat, das Wort: „Husumerei" (S. 200)[16]. Wie er vorher mit „Menzelei", „Treibelei" und „Hamburgerei" beschränkte Verhältnisse gekennzeichnet hat, die von einzelnen Personen oder Familien bestimmt werden, so bezeichnet er auch mit „Husumerei" jetzt Verhältnisse, in denen Husum bzw. das „Husumische" oder das „Stormsche" im Mittelpunkt stehen. Aber er geht mit seiner – so vollständig wiedergegebenen – Formulierung „seine <Storms> das richtige Maß überschreitende lokalpatriotische Husumerei" noch einen Schritt weiter: Er erweckt den Eindruck, als ob für Storm und dessen Dichtung Husum „das Höchste der Welt" gewesen sei[17]. Das mag für die von Heimweh überschatteten Potsdamer Jahre (1853/56) vielleicht teilweise stimmen, erfasst aber Storm nicht in seiner Totalität[18]. Wenn Fontane jedoch spöttelnd karikierende Züge hinzufügt, wie z. B. „Storm glaubte ganz ernsthaft, dass eine wirkliche Tasse Tee nur aus einer Husumer Kanne kommen" könne (S. 208), dann verrät sich hier eine tiefe Verärgerung, ja eine gewisse innere Verletztheit. Sie hat ihren Grund offenbar in einem menschlichen und politischen Dissens[19] mit Storm: Fontane war verärgert über Storms Kritik an der „Berliner Luft"[20], er fühlte sich verletzt durch des Husumers „ewige Verkleinerung Preußens" (S. 200) und empfand das selbstsichere Beharren auf der eigenen schleswig-holsteinischen Art durch Storm als „ganz unerträgliche Anmaßung und Überheblichkeit" (S. 200). Fontane warf Storm vor, sich selbst bzw. seine Welt als „Norm" zu setzen (S. 201), und diesen Vorwurf hat er dann mit dem – analog zu „Treibelei" und „Hamburgerei" – gebildeten Wort „Husumerei" Ausdruck gegeben.

Es bleibt zu fragen, ob Fontane in seiner Auseinandersetzung mit Storm dessen spätere Entwicklung als Dichter (bis zum „Schimmelreiter"), die weitere Entwicklung Preußens (dessen Schwächen ihm nicht verborgen geblieben waren) sowie seine eigene – nennen wir es einmal so – „Brandenburgerei"[21] – nicht zu wenig berücksichtigt hat. Aber das ist „ein zu weites Feld".

Anmerkungen:

1. Hier und im Folgenden wird das Storm-Kapitel aus „Von Zwanzig bis Dreißig" nach der Ausgabe zitiert: Th. Fontane: Sämtliche Werke. Nymphenburger Verlagsbuchhandlung 1959 ff. Bd. XV, S. 192–215 (Dieses Kapitel wird hier nur mit Seitenzahl zitiert; die Ausgabe abgekürzt: NFA).
2. Fontane nennt Storm z. B. seinen „Lieblingsdichter" (Brief an ihn vom 22.5.1868) und zählt ihn „als Lyriker" zu den „drei, vier Besten, die nach Goethe kommen" (NFA XV, S. 215)
3. Wilhelm Jensen in seinen „Heimaterinnerungen", Abschnitt II: „Theodor Storm", in „Velhagen und Klasings Monatshefte" 1899/1900, Bd. II (S. 501: „Die Schilderungen ... rücken (Storm) zu sehr in die ‚amüsante Beleuchtung'". Hedwig Büchting an Fontane, August 1896; vgl. dazu Dieter Lohmeier: „Theodor Fontane über den „Eroticismus" und die „Husumerei" Storms: Fontanes Briefwechsel mit Hedwig Büchting". In STSG 39 (1990) S. 26–45 (Büchting, Aug. 1896: „Geradezu schmerzlich aber ist mir..."). Und: Helmuth Nürnberger: „Der große Zusammenhang der Dinge." ‚Region' und ‚Welt' in Fontanes Romanen. In „Fontane-Blätter" 55 (1993), S. 33–68, sowie K. E. Laage: „Theodor Storm. Eine Biographie". Heide: Boyens 1999, im Kapitel „Zwischen ‚Husumerei' und ‚Weltwürde' der Dichtung" (S. 156–172).
4. Thomas Mann: „Theodor Storm". In: „Sämtliche Werke in 13 Bänden", 2. Aufl., Frankfurt a. Main: S. Fischer 1974, Bd. IX, S. 246–267, dasselbe hrsg. und kommentiert in K. E. Laage, Heide: Boyens 1996, besonders S. 21 f. und S. 25.
5. Erste Hinweise auf diesen Zusammenhang in den Anmerkungen zu Fontanes „Von Zwanzig bis Dreißig". NFA XV, S. 544.
6. Das Wort „Oblomowschtschina" findet sich im Roman im II. Teil im 4. Kapitel.
7. N. A. Dobroljubow: Tschto takoje oblomowschtschina? In: Otetschestwennyje Sapiski 1859, Nr. 1–4.
8. Zitate hier aus der deutschen Übersetzung des in Anm. 7 genannten Aufsatzes von Alfred Kurella, in Reclams Universalbibliothek (Ein Lichtstrahl im finsteren Reich) Nr. 3025–28, S. 14 u. S. 13.
9. Ludwig Pietsch: Erinnerungen an Iwan Turgenjew. In: Vossische Zeitung vom 11., 12. und 14.9.1883. In der „Beilage" vom 12.9.1883: „Tief im Blut steckte ihm <Turgenjew>

die nationale ‚Oblomowerei'." Auszüge bei Chr. Schultze: Iwan Turgenjew: Briefe an Ludwig Pietsch. Berlin, Weimar 1968, S. 167–179.
10. Fontane an Ludwig Pietsch am 14.9.1883.
11. Ludwig Pietsch: Wie ich Schriftsteller geworden bin. Berlin 1893. S. 203.
12. Eugen Zabel: Literarische Streifzüge durch Russland. 2. Aufl., Sondershausen 1887, S. 245.
13. In den Briefen Fontanes an G. Friedlaender vom 24.10.1888, an M. Lazarus vom 21.2.1889, an G. Weiß vom 14.8.1889 und an Zöllner vom 19.8.1889.
14. In „Frau Jenny Treibel" im 8. Kapitel (3 Stellen). Im 8. und 9. Kapitel (je 1 Stelle) und im 12., im 14. und 16. Kapitel (je 1 Stelle).
15. Der erste Entwurf für das Storm-Kapitel ist gleich nach Storms Tod (gest. 4. Juli 1888) entstanden (Original-Manuskript im Husumer Storm-Archiv), abgedruckt unter dem Titel „Erinnerungen an Theodor Storm" in NFA, XXI, 2 (1974), S. 83–97; dort hat Fontane das Wort „Husumerei" noch nicht gebraucht.
16. Erstdruck von „Von Zwanzig bis Dreißig" in Fortsetzungen unter der Überschrift „Der Tunnel über der Spree. Aus dem Berliner literarischen Leben der vierziger und fünfziger Jahre" in der „Deutschen Rundschau" 88 (April–Mai–Juni 1896) beginnend auf S. 89 ff.; das Storm-Kapitel S. 214–229).
17. Zitat aus Fontanes Roman „Frau Jenny Treibel": „weil sie <Mama> dir durch ihre Haltung zu verstehen gibt, daß, was Papa die ‚Hamburgerei' nennt, nicht das Höchste der Welt ist" (so im 8. Kap. des Romans).
18. Vgl. dazu das Kapitel „Zwischen ‚Husumerei' und ‚Weltwürde der Dichtung'" in meiner Storm-Biografie (Anm. 3).
19. Vgl. dazu meinen Aufsatz „Die politischen Dissonanzen zwischen Theodor Fontane und Theodor Storm". In: „Fontane-Blätter" 54 (1992), S. 48–61.
20. Zitat aus Storms Brief an Fontane vom 27.3.1853 und aus Fontanes Brief an Storm vom 2.5.1853.
21. Wie viel das Regionale auch für Fontane und seine Dichtung bedeutet hat, darauf hat Helmuth Nürnberger hingewiesen; wenn er sagt, das „Fontanes epische Welt ihren Kernbereich im berlinisch-märkischen Raum" findet und dass sie „unter solchem Aspekt nicht grundsätzlich anders" erscheint, „als die Erzählwelten Storms, Kellers oder anderer poetischer Realisten" (in: „Fontane-Blätter", Heft 55/1993, S. 49).

Storms Mitwirken an der ersten deutschen Übersetzung von Turgenjews „Aufzeichnungen eines Jägers"

Im Jahre 1854, als Storm in Potsdam lebte, hat er den jungen Deutsch-Russen August von Viedert (1825–1888) kennengelernt. Viedert war der Sohn eines Deutschlehrers in Moskau und hat dort angefangen, Werke russischer Dichter ins Deutsche zu übersetzen; u. a. Werke von Gogol (u. a. „Der Revisor"), und Turgenjews „Zapiski ochotnika", „Aufzeichnungen eines Jägers", die kürzlich, 1852, in Russland erschienen waren. Vor oder während der „Tunnel"-Sitzung hat Storm Viedert zum erstenmal kennengelernt, wie sich einem Brief Fontanes an Bernhard Lepel vom 22. April 1854 entnehmen lässt: „Morgen frißt mir Storm den Vormittag weg und vor dem Tunnel empfang ich Herrn August v<on> Viedert, der mich gebeten hat, ihn einzuführen" (dieser las Gogols Lustspiel „Der Revisor"). Ende Mai bereits hat sich aus dieser ersten Begegnung eine nähere Bekanntschaft ergeben: Am 27. Mai 1854 nämlich fragt Storm bei seinem Freund Eggers an, ob er „Wiedert" nicht um seine „Gedichte", die er ihm entliehen habe, bitten könne.

Zu interessanten und fruchtbaren Begegnungen zwischen Storm und Viedert ist es in den Sommer- und Herbstmonaten des Jahres 1854 in Potsdam und in der russischen Kolonie „Alexandrowka" gekommen. „Alexandrowka"[1] wurde 1827 vom preußischen König Wilhelm III. für verdiente russische Soldaten errichtet und dem russischen Zaren Alexander I. gewidmet. Die Kolonie umfasst 13 im russischen Stil errichtete Holzhäuser und eine griechisch-orthodoxe Kapelle, die 1824 vom Zaren und vom preußischen König gemeinsam eingeweiht wurde (die ganze Anlage ist bis heute erhalten, restauriert und der Öffentlichkeit zugänglich).

In „Alexandrowka", und zwar – wie Zeitgenossen überliefert haben – im Haus Nr. 11 – wohnte August Viedert im Sommer und Herbst 1854. Er arbeitete u. a. an der Übersetzung der „Zapiski ochotnika", der „Aufzeichnungen eines Jägers" von Iwan Turgenjew. Viedert hat dabei offensichtlich Verbindung aufgenommen mit Theodor Storm, der damals in Potsdam, Waisenstraße 68 wohnte und am Kreisgericht in der Lindenstraße 54/55 arbeitete. In einem Brief Storms an Fontane vom 12.9.1854 nämlich heißt es[2]: „H. v. Viedert läßt Sie erinnern, das ihm versprochene Buch <Fontanes „Der Sommer in London"> für ihn zurückzuhalten. Sie müssen sich dafür von ihm den Tourgenieff geben lassen, von dessen „Tagebuch eines Jägers" nächstens der 1ste Theil (durch meine Vermittlung) bei Schindler erscheinen wird; v. Viedert scheint mir kein übler Mensch zu sein. Ich habe ihm Theilnahme – namentlich für seine Arbeiten bewiesen, nun ist er fleißig und zeigt mir Alles, und ist dabei von einer kindlichen Bescheidenheit. Er hat jetzt das Tagebuch eines Verrückten von Gogol übersetzt ... doch erscheint vorläufig nur der 1. Band des Tourgenieff, der 11 Skizzen enthält."

Storm gehört damit zu den ersten Deutschen, die Turgenjews „Aufzeichnungen eines Jägers" kennengelernt haben. Und darüber hinaus ist Storm auch derjenige, der die erste deutsche Ausgabe der „Jägerskizzen" ermöglicht hat, nicht nur durch seinen ermunternden Zuspruch und durch Verbesserungsvorschläge („zeigt mir alles"), sondern auch durch vermittelnde Gespräche mit dem Verleger Heinrich Schindler, der – wie sich aus Fontanes Brief an Storm vom 5.8.1854 ergibt[3] – Schindler am 6.8.56 zu sich nach Hause eingeladen hat („durch meine Vermittlung"); außerdem spricht für diese Tatsache, dass Schindler dann auch Storms Verleger wurde (1855: mit dem Novellenband „Ein grünes Blatt. Zwei Sommergeschichten" und 1856 ff. mit den „Gedichten").

Ludwig Pietsch bestätigt Storms Mitwirken an dem Band in seinem Erinnerungsband[4]: „Als er <Viedert> in Potsdam lebte, hatte er <Viedert>

Aus dem

Tagebuche eines Jägers

von

Iwan Turghenew.

Deutsch

von

August Viedert.

Berlin, 1854.
Verlag von Heinrich Schindler.

Titelblatt der ersten deutschen Übersetzung der Turgenjew'schen „Jägerskizzen" (Berlin 1854), die mit Hilfe Theodor Storms erschienen ist unter dem Titel „Aus dem Tagebuche eines Jägers". (StA Husum)

Storms Bekanntschaft gemacht. Diesem und seinem unablässigen Antreiben dankten wir es, dass Viedert, der ihm die Übersetzung einiger Jägerskizzen vorgelesen und damit entzückt hatte, sich wirklich hinreichend aufraffte und zusammennahm, um wenigstens das Manuskript des ersten Bandes fertigzustellen."

Der von Viedert übersetzte Band enthält von den 25 Jägerskizzen – wie Storm auch angibt (s. o.) – 11 Skizzen, und zwar die Skizzen: 1. „Peter Petrowitsch Karataew", 2. „Lebedjan", 3. „Jermolaj und die Müllerin", 4. „Der Bürgermeister", 5. „Mein Nachbar Radilow", 6. „Der Freisasse Owsiannikow", 7. „Der Werwolf", 8. „Das Comtor", 9. „Der Tod", 10. „Tatjana Borisowna und ihr Neffe", 11. „Der Hamlet des Stshigrowschen Kreises".

Theodor Storm hat sich in einem Brief an Turgenjew später begeistert über die Jägerskizzen ausgesprochen, und Turgenjew hat in seinem Antwortbrief vom 30.11.1865 geantwortet: „Ich bin ganz stolz darüber, dass meine Skizzen in Ihrem Hauskreise gelesen werden: das will viel sagen!"[5]

Anmerkungen:

1. Vgl. dazu: K. E. Laage: Th. Storm in der russischen „Kolonie Alexandrowska", in: Mitteilungen aus dem Storm-Haus, Husum 2007, S. 17–19
2. Vgl. den Brief Storms an Fontane vom 12.9.1854, in der Ausgabe: „Theodor Storm – Theodor Fontane, Briefwechsel", hg. Von Gabriele Radecke, Berlin, Erich Schmidt-Verlag 2011, S. 92/93
3. Brief von Fontane an Storm vom 5.8.1854: Radecke S. 86
4. Ludwig Pietsch: Wie ich Schriftsteller geworden bin, Bd. 1, 2. Aufl. Berlin 1998, S. 216
5. Vgl. K. E. Laage: Theodor Storm und Iwan Turgenjew, Persönliche und literarische Beziehungen, Heide: Boyens 1967, S. 101 (auch in: STSG Nr. 16/1967).

Storm als Kreisrichter in Heiligenstadt (1856–1864)

Die Nachricht, dass er zum Kreisrichter in Heiligenstadt ernannt sei, erhielt Storm nicht in Potsdam, sondern während seines Sommerurlaubs in Husum. Am 18. August 1856 hat er sich dann – zusammen mit seinem Vater – aufgemacht, um sich beim dortigen Kreisgericht vorzustellen und eine Wohnung für seine 6-köpfige Familie zu suchen. Mit dem Zug ging es bis Göttingen und von da mit der Kutsche nach Heiligenstadt. Als sie in die Stadt hineinfuhren, „schossen" dem Dichter „die Tränen etwas in die Augen"; (so an seine Frau Constanze am 19. und 20.8.1856).

Der erste Eindruck von der Stadt jedoch war niederschmetternd. Mit den Worten „Hilf Himmel! welch eine Stadt!" gibt Storm seinen ersten Eindruck wieder: „Lehmhütten und Baracken". Doch schon am nächsten Tag – man übernachtete im „Preußischen Hof", einem alten Palais – sah alles ganz anders aus: „Das Ganze hier macht keinen üblen Eindruck: die Berge gucken überall in die Stadt, es muß sich hier angenehm und … recht heimlich … leben lassen." Und schon einen Monat später – in einem Brief an seinen Berliner Freund Ludwig Pietsch heißt es[1]: „… ich glaube, daß ich mich hier recht beheimaten werde. Die Gegend ist überaus hübsch, ein treuherziger Menschenschlag, eine alte Stadt (6500 Einw.) mit (soviel ich übersehen kann) recht gebildeten Leuten (sogar eine „Immensee"-Schwärmerin), gute und wohlfeile Lebensmittel und in und über Allem die Gemütlichkeit der kleinen Stadt. Kommen Sie nur einmal her; es ist hier in der Tat reizend zu leben. Da ich nicht in Husum sein kann, so wünsche ich nur in Heiligenstadt zu sein."

Storm hat mit seiner Familie zunächst – für einige Monate – vor dem Kasseler Tor (Liesebühl 2) gewohnt, ist dann – auch weil es billiger war – in die Stadt umgezogen, in die obere Etage des Hauses „Wilhelmstraße" Nr. 73, an der Ecke zur „Riemengasse", zur Straße mit 8 Fenstern (2

Wohnstuben und das Schlafzimmer für Constanze), nach hinten, im Flügel zur Riemengasse hin (2 Stuben und die Küche) (vgl. die Abb.).

Hier sind 11 Novellen und Märchen entstanden, u. a. „Auf dem Staatshof", „Drüben am Markt", „Veronica", „Auf der Universität", „Im Schloß", „Die Regentrude" und „Bulemanns Haus". Hier hat Storm auch die bekannte Weihnachtsgeschichte „Unter dem Tannenbaum" geschrieben mit dem Gedicht „Knecht Ruprecht".

Storms Wohnung gegenüber lag damals das „Gefangenenhaus" (Wilhelmstr. 68, jetzt ein neues Gebäude, hinten, zum Hof hin sind Teile der Gefangenenzellen noch erhalten). Dieses Haus macht der Dichter in seiner Novelle „Pole Poppenspäler" (Husum 1874) zum Schauplatz der Wiederbegegnung zwischen dem Erzähler und seiner Kinderliebe, der Puppenspieler-Lisei, deren Vater, der Puppenspieler Joseph Tendler, hier unschuldig eingesperrt ist (vgl. LL II, S. 199).

Das gesellige Leben in der Stadt empfand Storm als äußerst angenehm[2]: jeden Donnerstagabend trafen sich die „zwanzig ersten Familien" zu einem sog. „Römischen Abend"; mit dem Rechtsanwalt Schlüter und seiner Frau und mit der Witwe seines Vorgängers Tielsch pflegte man „Kleist zu lesen", und das Verhältnis zu dem Landrat von Wussow und seiner Frau entwickelte sich zu einer echten Freundschaft. Weihnachten 1858 erhielt Storm von seinem Vater ein Ibach-Tafelklavier (heute im Storm-Haus in Husum); so wurde „die Musik wieder, wie in früheren Zeiten, die Begleiterin seines Lebens" (an die Eltern 6.4.1860)[3]. Im Jahre 1859 konnte Storm einen Gesangverein gründen, der zunächst 20, zuletzt sogar über 50 Mitglieder zählte, den er selbst dirigierte und mit dem so bedeutsame Werke wie Mendelssohn-Bartholdys „Paulus" zur Aufführung kamen. So verlegte Storm dann auch später (1874) einige Szenen seiner Novelle „Ein stiller Musikant" nach Heiligenstadt.

Die Eichsfelder Landschaft hat den Dichter begeistert: „Wir haben die schöne Gegend unmittelbar vor der Thür", schrieb er seinem Freund

Heiligenstadt: Wilhelmstraße 307 (73); Obere Etage: Storms zweite Wohnung (1857–1864), altes Foto. (StA Husum; Wooley-Bildnachlass)

Brinkmann am 24.3.1857; „und überall in der Nähe die Eichendorff-romantischsten Berg- und Schluchteinsamkeiten, wirklich zum Teil von wundersamer Stille und Poesie". So nimmt es nicht Wunder, dass sich Nachklänge davon in seinen Novellen finden. Wie in der Novelle „Eine Malerarbeit" konnte man damals (und kann man heute) zu Fuß von Lindewerra aus „nach der Teufelskanzel hinaufgehen", einem „breiten Felsvorsprunge", von dem aus in „über hundert Klaftern" Tiefe sich die „lachendste Landschaft", das Werratal, ausbreitet (LL II S. 15). In der Burg Hanstein mit dem darunterliegenden „Dorfe" erkennt man die Kulisse für das „Grafenschloß" in Storms Märchen „Der Spiegel des Cyprianus".

Vielfältige Ausflüge in die nähere und weitere Umgebung sind bezeugt, u. a. zum Iberg, nach Uder, Geisleden, Siemerode, Steinbach, Teistungen und Wahlhausen. Ausführlich wird von einem Besuch der „Göttinger Gleichen" erzählt. Storm musste dabei „Achim von Arnims gedenken" und an sein „wunderbares Schauspiel ‚Die Gleichen'". Und dann hat er hinübergeschaut nach Gelliehausen, „wo nun vor 80 Jahren <G. A.> Bürger seine für alle Zeiten, so lang es deutsche Poesie geben wird, unsterbliche <Ballade> Lenore ersann" (an E. Esmarch, 15.10.57).

Und in einem Brief an seinen Potsdamer Kollegen Schnee heißt es[4]: „… ich habe schon 4 Localtermine in Wald und Feld abgehalten; diese Gerichtspflege ist nun das Uebermaaß von Gemüthlichkeit; einmal wurde im Tan-

Heiligenstadt, Riemengasse (links oben: hinterer Teil von Storms Wohnung), altes Foto. (StA Husum, Wooley-Bildnachlass)

nenwald protocollirt, angesichts des schönsten Thales, ein andermal in einem großen Bauerngut, wo Zeugenvernehmung und Feldkieker schmausen auf das angenehmste verbunden wurde; einmal war Constanze mit, einmal die Jungens; in diesem letzten Termine bei dem Dorfe Bischhagen wurde das Rechtsbewußtsein von der Naturfreude ganz überwachsen; in dem klaren Herbstnachmittage lag die etwa 9 Meilen entfernte Gebirgskette des Harzes so wundervoll blau und duftig, und doch so greifbar nahe vor uns, daß ich den Thurm auf dem Brocken mit bloßem Auge erkennen konnte; hinter uns der Meißner und der ruinengekrönte Hansstein."

Storm hat sich in Heiligenstadt, wie sich aus dem oben Gesagten ergibt, sehr wohl gefühlt. Trotzdem hat er seine Augen vor den politischen und gesellschaftlichen Missständen nicht verschlossen. Seine Kritik am preußischen Obrigkeitsstaat[5], wie er sie vorher z. B. Fontane gegenüber ausgesprochen hatte, verschärfte sich noch. Als die preußische Regierung 1862 vor Neuwahlen für das Abgeordnetenhaus versuchte, Druck auf die Beamten auszuüben[6], empörte sich Storm und beabsichtigte einen „ehrerbietigen Protest seitens des Collegii" durchzusetzen (an die Eltern, 10.4.1862) und eine entsprechende Erklärung in der Vossischen Zeitung zu veröffentlichen.

Bei anderer Gelegenheit, anlässlich eines „solennen Soupers im Eichsfeldischen Hof zu Ehren des Prinz-Regenten-Geburtstags", machte sich seine Kritik an Preußen auf folgende Weise Luft (an die Eltern, 29.3.1859): „Wussow brachte den Toast aus; bei dem Preußenliede aber, das mir in mehr als einer Beziehung zuwider ist ('ich bin ein Preuße, will ein Preuße sein' – in diesen Worten liegt wirklich ein bewußt feindseliger Partikularismus gegen das übrige Deutschland), bei diesem abscheulichen Liede wurde ich ganz melancholisch. Um halb 11 Uhr machte ich mich davon…"

Noch stärker attackierte Storm das undemokratische Obrigkeits- und Standesdenken von Adel und Kirche[7]. Einer Adeligen, der Landrätin von Wussow (geb. von Byern!), erklärte er rundweg: zu seinen „tiefsten Überzeugungen" gehöre, dass „Adel und Kirche ... die zwei wesentlichen Hemmnisse einer durchgreifenden sittlichen Entwicklung" seien (an die Eltern, 12.12.1861).

Auch in seiner Dichtung schlägt sich die Radikalisierung der Stormschen Weltanschauung während der Heiligenstädter Zeit nieder. In dem satirischen Gedicht „Der Lump" (1863) z. B. wird das Bündnis von „Thron und Altar", das politische Zusammengehen von Adel („des Königs Hermelin") und Kirche („Christi Mantel") verspottet (LL I. S. 82):

Der Lump

Und bin ich auch ein rechter Lump,
So bin ich dessen unverlegen;
Ein frech' Gemüt, ein fromm' Gesicht,
Herzbruder, sind ein wahrer Segen!
Links nehm' von Christi Mantel ich
Ein Zipfelchen, daß es mir diene,
Und rechts – du glaubst nicht, wie das deckt –
Rechts von des Königs Hermeline.

In der Novelle „Veronica" (1861) wird sogar die Beichte kritisiert und dazu aufgefordert, das Christentum „nur" als ein „natürliches Ergebnis aus der geistigen Entwicklung des Menschen" anzusehen (LL I, S. 474). In seiner Novelle „Im Schloß" (1861/62) zeigt Storm, wie sich ein adeliges Schlossfräulein zu einer modernen, demokratischen Weltsicht durchringt und einen Bürgerlichen heiratet.

Als Storm im Februar 1864 von seiner Vaterstadt zurückgerufen wurde, verabschiedete sich der Dichter am 9. März von Heiligenstadt im Rathaussaal mit einer Aufführung von Ferdinand Hillers Chorwerk „Die Zerstörung Jerusalems". Er selbst schreibt davon und zieht dabei eine Art Resumee aus seiner Heiligenstädter Zeit (an seine Eltern am 11.3.1864)[8] einen Tag vor seiner Abreise: „… mein Herz ist in der Tat ganz zerrissen bei dem Abschied von hier, mir ist, als schiede ich von meiner zweiten Heimat; Ihr könnt es Euch gar nicht vorstellen, mit welchem Enthusiasmus, ich kann wohl sagen, welcher Verehrung die Menschen aus den verschiedensten Schichten der Gesellschaft an mir hängen und wie hoch und wie lieb Constanze gehalten wird. Gestern abend hielten wir noch das Konzert „Die Zerstörung Jerusalems", worauf wir fünf viertel Jahr geübt haben, und als ich zuletzt den vollen prächtigen Chor von über fünfzig Sängern, den ich gestiftet, dirigierte, als so aller Blicke an meinem Stäbchen hingen und die Tonwellen nun zum letzten Mal aus begeisterter Menschenbrust brausend hervorströmten, da mußte ich mein Herz in beide Hände fassen, um nicht in Tränen auszubrechen. Auch ich sang noch und sang aus meinem bewegten Herzen und mit mächtiger Stimme die schöne Arie: ‚Du wirst ja dran gedenken, denn meine Seele sagt es mir'."

Anmerkungen:

1. Blätter der Freundschaft, Aus dem Briefwechsel zwischen Theodor Storm und Ludwig Pietsch, hg. von Volquart Pauls, Heide: Boyens1943, S. 29
2. Gerhard Jaritz u. a.: In Heiligenstadt fand Storm viele Freunde und Geselligkeit, Sonderausgabe des Eichsfelder Heimathefts 1988, S. 44–56
3. Mit „an die Eltern" sind hier (und im Folgenden) die „Briefe in die Heimat" gemeint, die Gertrud Storm 1907 herausgegeben hat (im Verlag K. Curtius).
4. Peter Goldammer u. a.: „Es gefällt mir hier ganz außerordentlich…". Ein unbekannter Brief Th. Storms aus Heiligenstadt. In: Sonderausgabe der Eichsfelder Heimathefte, 1988
5. Vgl. K. E. Laage: Theodor Storms öffentliches Wirken, Boyens: Heide 2008, S. 61 ff.
6. Vgl. dazu auch G. Eversberg: Storms Reaktion auf die Wahlbeeinflussungsversuche von 1862, in: STSG 39 (1990), S. 69–74.
7. Vgl. dazu auch D. A. Jackson: Storms Stellung zum Christentum und zur Kirche, in: Th. Storm und das 19. Jahrhundert. Vorträge und Berichte des Internationalen Symposiums aus Anlaß des 100. Todestages Th. Storms, hg. von B. Coghlan und K. E. Laage, Berlin, 1989, S. 41 bis 99.
8. Hier nach der Kopie des Originalbriefes (Kopie im Husumer Storm-Archiv)

Storms Familien-Wappen und sein Dichter-Wappen

Storm hielt bekanntlich „Adel und Kirche für die zwei wesentlichsten Hemmnisse einer durchgreifenden sittlichen Entwicklung unseres sowie anderer Völker".[1] Auf die „freundschaftliche" Bitte der Frau des Heiligenstädter Landrats Alexander von Wussow, Hedwig, geb. von Byern, in der neuen Novelle („Im Schloß") „nichts gegen den Adel zu schreiben"[2], ist Storm deshalb natürlich nicht eingegangen. Bei so entschiedenen Gegensätzen aber ist es erstaunlich, dass sich zwischen der Landrats- und Dichterfamilie ein freundschaftliches Verhältnis entwickeln konnte.

Die Geschichte, wie es zum Austausch von „Wappentassen" zwischen dem Landrat und Storm kam, zeigt, aus welchem Geist und mit wieviel Humor sich das freundschaftliche Verhältnis zwischen den beiden Familien entwickelte.

Auf einem festlichen Diner, zu dem der Landrat neben einigen adeligen Freunden auch Storm eingeladen hatte, hat der Landrat im Gespräch „über den Tisch hinweg" den jungen Prinzen Isenburg daran erinnert, dass sie sich den Austausch ihrer Wappentassen versprochen hätten. Storm, der wusste, dass der Landrat ein leidenschaftlicher Sammler von mit Adelswappen geschmückten Tassen war (er besaß 40 Stück davon (!)), benutzte die Gelegenheit, seinerseits dem Landrat eine Wappentasse anzubieten.

Landrat von Wussow ist – wie sich aus Storms Briefen an den jungen Maler Hermann Schnee ergibt[3] – sofort auf Storms Vorschlag eingegangen mit den Worten: „Topp, und sie <Storms Wappentasse> soll vornean <in der Glasvitrine> stehen und du bekommst meine!"

Storm hat dann bei Hermann Schnee eine Wappentasse in Auftrag gegeben mit dem erläuternden Hinweis: „Merke! Ich stamme aus einer Müllerfamilie": „Auf Papier gemalt" soll eine Windmühle zu sehen sein „auf blauem Grund" und mit der „Um- oder Unterschrift":

„Die Windmühl soll mein Wappen sein,
Die Windmühl treibt der Wind.
Der Wind, der fegt die Lüfte rein;
O blase, blase fix hinein,
Wo faule Dünste sind."

Die Windmühle könnte – so meint der Dichter – der Maler etwas „aquarellisieren"; sie sollte „in der Mitte" stehen „auf einem Berg" „gegen den blauen Himmel", die Verse „darum oder darunter". Und auch eine Umrisszeichnung der Mühle hat der Dichter geliefert. So stellte er sich die Mühle auf dem Mühlenwappen vor:

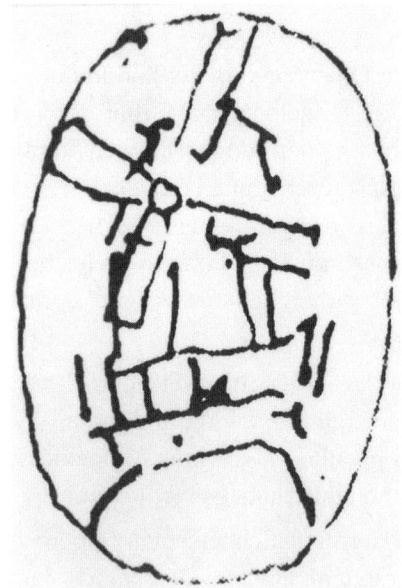

Storm: Zeichnung einer Windmühle in dem Brief Storms an Hermann Schnee (30.10.1858). (StA Husum)

Buchdeckel zur Ausgabe der „Gedichte", Berlin: Heinrich Schindler, 2. Aufl. (1856) mit Storms Dichter-Wappen (Möwe über dem Meer). (Original im StA Husum)

Der „Scherz" (so wörtlich Storm im Brief an Schnee) sollte aber so nicht stehen bleiben! Das Windmühl-Wappenpapier sollte von der Porzellan-Tasse abgenommen werden können, und darunter sollte – auf der Porzellan-Tasse – das eigentliche „Wappen" sichtbar werden. Und das sollte kein Familien-, kein Adelswappen, sondern Storms Dichter-Wappen sein, wie Storm betont, „mein bekanntes Medaillon": „die Möwe im Sonnenschein über dem Meer fliegend, und darunter die Worte des ‚Oktoberliedes'": „Ist doch die Welt, die schöne Welt,/So gänzlich unverwüstlich!"

Landrat von Wussow hat dann Weihnachten 1858 eine „große Bouillontasse, bauchig, ohne Füße, Berliner Porzellan, mit Goldrand" von Storm erhalten; nicht also – und das war ihm, Storm, offenbar wichtig – mit einem Familienwappen, sondern mit Storms ganz persönlichem Dichter-Wappen, mit dem Möwen-Medaillon", das seit 1856, und zu Weihnachten 1858 schon in der vierten Auflage (!), seine „Gedichte" in besonderer Weise hervorhebt, den Band, der mit dem „Oktoberlied" beginnt und mit dem Gedicht „Meeresstrand" (S. 7: „An's Haf nun fliegt die Möwe/Und Dämmrung bricht herein") auf das Möwen-Medaillon zurückweist.

Anmerkungen:

1. Zitat aus dem Brief Storms an seine Eltern vom 9.12.1861 in: LL I, S. 1118
2. Ebendort.
3. Die Zitate zur Wappengeschichte stammen aus den beiden Briefen Storms an den jungen Maler Hermann Schnee vom 30.10.1858 und vom Ende November/Anfang Dezember 1858 (Originale in der Schleswig-Holsteinischen Landesbibliothek Kiel, Kopien im Storm-Archiv Husum).

Storm: „Wen von Euch soll ich dafür zum Opfer bringen?"

„In den letzten Februartagen" des Jahres 1864, so berichtet Gertrud Storm[1], traf in Heiligenstadt „gerade zur Nachmittags-Teestunde" die Nachricht ein, dass Storm zum Landvogt des Landkreises Husum gewählt worden sei. Damit eröffnete sich für Storm und seine Familie die Möglichkeit der Heimkehr nach über 11 Jahren in der Fremde. Bei den Familienmitgliedern löste diese Nachricht Jubel aus; Storm selbst beschlich – so Gertrud in ihrer Storm-Biographie[2] – „die bange Frage": „Wen von Euch soll ich dafür zum Opfer bringen?"

Diese Mitteilung ist von vielen Lesern der Gertrud Stormschen Biographie bisher als Familienlegende angesehen worden, die Gertrud von ihren Geschwistern übernommen hat (sie selbst ist ja erst ein Jahr später geboren[3]) oder die ihre Geschwister wiederum von anderer Seite erfahren haben.

Ein Brief, den das Storm-Archiv in Husum auf einer Autographen-Auktion erwerben konnte, vermag jetzt die Zweifel an der Richtigkeit der Überlieferung zu beseitigen, macht aber auch deutlich, wie dieser Ausspruch gemeint, d. h. an wen er gerichtet war. Der jetzt bekannt gewordene Brief ist an einen Freund aus der Heiligenstädter Zeit gerichtet, an den Staatsanwalt Wilhelm Delius (1815–1900). Es handelt sich um einen Kondolenzbrief (vom 23. Juni 1868), in dem Storm seinem Freund und dessen Frau seine Anteilnahme am Tode ihres zweiten und letzten Sohnes zum Ausdruck bringt (der erste Sohn war 1865 gestorben[4]). In diesem Zusammenhang spricht Storm von bösen Ahnungen, die sein Herz damals – 1864 – vor seinem Weggang aus Heiligenstadt und vor seiner Heimkehr nach Husum durchzogen haben. Die von Gertrud Storm geschilderte Situation während der „Nachmittags-Teestunde" und beim Eintreffen der „Nachricht" bestätigt der Brief nicht, wohl aber – wenn auch in modifizierter Form – Storms Ausspruch. In dem Brief an Delius heißt es nämlich: „Als ich den Entschluß gefaßt hatte ... von Heiligenstadt wegzugehen, sagte ich zu meinen Kindern: ‚Wen von Euch werd ich dieser Ortsveränderung zum Opfer bringen müssen?' Denn die lebensfeindlichen Mächte sind ja andre hier und dort, wenn sie auch überall am Wege lauern. Mich traf ein andrer Schlag <= Constanzes Tod>[5], an den ich nicht gedacht hatte."

Nicht auf seine Frau Constanze also bezogen sich Storms Ahnungen, sondern auf seine Kinder. Angesichts der damaligen Kindersterblichkeit sind Storms Ängste verständlich, insbesondere, weil seine Kinder Hans (15 Jahre alt), Ernst (13), Karl (10), Lisbeth (8), Lucie (3) und Elsabe (1 Jahr alt) – in den letzten Jahren mehrfach gefährlich erkrankt waren (u. a. an Keuchhusten und Scharlach)[6]. Mit Recht fürchtete Storm deshalb die „lebensfeindlichen Mächte", die die „Ortsveränderung" mit sich bringen konnte.

Storm: „Wen von Euch werde ich dieser Ortsveränderung zum Opfer bringen müssen?" Auszug aus dem Brief Storms an Delius vom 23.6.1868. (StA Husum)

Auch in der modifizierten Form ist Storms „bange Frage", wie sie jetzt durch den Delius-Brief bestätigt wird, ein Dokument der Ängste, die den von starken Vergänglichkeitsgefühlen beherrschten Dichter selbst in glücklichen Tagen zu befallen pflegten.

Diese Ängste wurzeln allerdings in Vorstellungen, die vorchristlichem Aberglauben zuzurechnen sind. Wir erinnern uns an antike Erzählungen und Sagen, wie sie Schiller z. B. in seiner Ballade „Der Ring des Polykrates" gestaltet hat. Dort lässt der Dichter den „Gastfreund", den König Amasis von Ägypten, zu Polykrates, dem Tyrannen von Samos (540–523 vor Chr.), als dieser von Glück überhäuft wird, sagen (in der 8. Strophe):

> „Mir grauet vor der Götter Neide,
> Des Lebens ungemischte Freude
> Ward keinem Irdischen zuteil."

Ähnliche Vorstellungen – dass zu viel Glück den Neid der Götter und in der Folge Unglück nach sich ziehen könne – liegen dem Stormschen Ausspruch offenbar zugrunde. Das bestätigt ein viele Jahre später geschriebener Brief Storms an Gottfried Keller (27.11.1881)[7]:

„ich fürchte immer, daß die Götter den vermessenen Frevel des Neubaus <in Hademarschen> an dem alten Menschen strafen werden".

Diese Worte stammen aus einer Zeit, als Storm, nachdem er im April 1881 seine Hademarschener Altersvilla bezogen hatte, sich darauf freute, in diesem Haus das Glück des Weihnachtsfestes mit seiner Familie feiern zu können, und – als Ausgleich für soviel Glück – Unglück in der Familie fürchtete.

Ganz in diesem Sinne ist die ängstliche Frage Storms vor seiner glückhaften Heimkehr nach Husum im Jahre 1864 „Wen von Euch soll ich dafür zum Opfer bringen" zu verstehen: als Furcht vor „Göttern", die Menschen, denen zuviel Glück zuteil wird, mit Unglück strafen. Hier schwingt – wie schon Thomas Mann festgestellt hat[8] – „Ur-Heidnisches" mit; Storms „Neigung zum Aberglauben" ist – um nochmals Thomas Mann zu zitieren[9] – „ein Zubehör seiner Vorchristlichkeit".

Anmerkungen:

1. Gertrud Storm: Theodor Storm. Ein Bild seines Lebens. 2 Bde. (Mannesalter), 2. Aufl. Berlin 1913, S. 101. Wie wir inzwischen wissen, handelte es sich um den 9. oder 10. Februar 1864; vgl. dazu D. Jackson: Theodor Storms Heimkehr im Jahre 1864, in: „Schriften der Theodor-Storm-Gesellschaft" 33 (1984), S. 35 f.
2. Gertrud Storm (a. O. Anm. 1), S. 101
3. Gertrud Storm, das letzte Kind Constanzes, wurde am 4.5.1865 in Husum geboren.
4. Nach dem Brief von Delius an Storm vom 16.11.1865 (ungedruckt, Landesbibliothek Kiel)
5. Constanze Storm starb am 20. Mai 1865.
6. Zu den Krankheiten der Kinder vgl. die „Briefe in die Heimat" hg. von Gertrud Storm (Berlin 1907), S. 188f., 193 ff., 200, 203.
7. Theodor Storm – Gottfried Keller, Briefwechsel, Krit. Ausg., hg. von K. E. Laage, Berlin 1992, S. 82.
8. Thomas Mann, Theodor Storm, Essay, hg. und kommentiert von K. E. Laage, Heide 1996, S. 34
9. Ebendort, S. 36

Fontane als Kriegsberichterstatter unterwegs und sein Besuch bei Storm in Husum

Theodor Fontane und Theodor Storm kannten sich seit Storms Potsdamer Zeit (1852/53 ff.) und haben sich häufig gegenseitig besucht (in Potsdam und in Berlin). Nur einmal hat Fontane Storm in Husum einen Besuch abgestattet, als er als Kriegsberichterstatter im Preußisch-Dänischen Krieg (1864) unterwegs war. Für Fontane ergab sich dabei die Gelegenheit, den Norden, den er bisher nur aus Storms Erzählungen kannte, seine Menschen, seine Geschichte, insbesondere auch die schleswig-holsteinische Landschaft, persönlich kennenzulernen und die alte Freundschaft mit Storm wieder aufzufrischen.

Im Mai 1864 begab Fontane sich in das Kriegsgebiet. Dabei kam er am 23.5.1864 zum ersten Mal nach Flensburg. Er wohnte im Hotel Rasch am Nordermarkt (das Haus ist als Geschäftshaus bis heute erhalten). In der Stadt besichtigte er u. a. – wie seine Reisenotizen verraten – den „Flensburger Kirchhof, das Dänen-Monument …, Rathaus, Kirchen, schöne Häuser, Eisenbahn". Von Flensburg aus ging die Reise am 24. Mai über Bau, Rinkenis, Gravenstein, Atzbüll und Nübel nach Düppel, zu den Düppeler Schanzen und von dort weiter nach Sonderburg. In einem wenig bekannten Bericht, den Fontane im Juni 1864 unter der Überschrift „Von Flensburg bis Düppel" im Brandenburger Wochenblatt des Johanniterordens veröffentlichte und der ihm später Material lieferte für sein Buch „Der Schleswig-Holsteinische Krieg im Jahre 1864", heißt es:

„Von Flensburg bis Bau (wo am 9. April 1848 das Kieler Turner- und Studentencorps nahezu vernichtet wurde) überrascht den von Süden Kommenden das Bild landschaftlicher Schönheit, das sich vor ihm aufthut: Hügel und Hecken, hohe Buchen und zwischen den Stämmen hindurch das kostbare Blau der Flensburger Förde." Nachdem Fontane das „Vorterrain" der Düppelstellung mit Gravenstein, Atzbüll und Nübel beschrieben hat, folgt eine ausführliche Schilderung der Düppeler Schanzen selbst. Von diesen heißt es am Schluss: „Die Schanzen sind hin, ihr Zauber ist gebrochen. Möge auch zum letzten Male die Erde hier roth gefärbt und jener unheimliche Name auf immer von dieser Stelle genommen sein."

Dann ist es auch hier wieder die Landschaft, die ihn am nachhaltigsten beeindruckt: „Das Bild ist so schön, daß es eine Düppeler Reise lohnen würde, auch wenn Düppel nicht Düppel wäre. Zu Füßen dehnt sich der blaue Alsensund (an dieser Stelle wesentlich schmaler als die Spree zwischen Treptow und Strahlau), jenseits steigt die Insel selbst auf, eine grüne Hügelwand, an deren Abhang, etwa bis zur Hälfte der ganzen Höhe, das lachende Sonderburg mit seinen rothen Dächern und Giebeln liegt. Von rechts nimmt das Meer in breiter Biegung die Insel in seinen Arm…"

Eine weitere Reise führte Fontane im September 1864 noch einmal nach Schleswig-Holstein und Dänemark. Er besuchte u. a. Kopenhagen, Roskilde und Jütland. Auf der Rückreise machte er am Sonnabend, dem 24., bis Dienstag, dem 27. September, in Flensburg Station. Er übernachtete wieder im Hotel Rasch. Von dort schrieb er an Storm: „Geehrter Freund, Dichter und Hardesvogt. Sie haben wohl an der Westküste keine Ahnung davon, daß ich nun schon seit 14 Tagen die cimbrische Halbinsel unsicher mache. Jetzt stehe ich als Gewölk über Husum. Eigentlich wollte ich morgen schon bei Ihnen, ‚der keines Ueberfalls gewärtig', einbrechen, da aber ‚Diana' morgen früh nach Sonderburg fährt und Diana speziell meine Göttin ist, so will ich noch zuvor eine Fahrt nach Alsen machen. In Düppel war ich schon früher (Ende Mai). Danach stünde ich auf Dinstag Nachmittag oder Abend für Husum in Sicht, da ich von der Alsenfahrt nicht vor Dinstag Mittag in Flensburg zurück sein kann.

Meine Absichten in Husum sind folgende:
1. Sie und Ihre sehr verehrte Frau auf eine halbe Stunde zu sehn,
2. In einem Boot wenigstens die nächstgelegene der friesischen Inseln zu besuchen.

Ich bitte Sie nun herzlichst, mich poste restante Flensburg, in zehn Zeilen wissen zu lassen, wie Sie über diese meine Husum-Reise denken…"

Inzwischen, d. h., solange die Post unterwegs war, also am 26. September, machte Fontane – wie auch aus seinem Brief an Storm hervorgeht – einen Ausflug mit der „Diana" nach Sonderburg. In sein Tagebuch notierte Fontane damals: „Reizende Fahrt, Holnis, Brunkenis, Wenningbund und Gammelmark; in guten 2 Stunden in Sonderburg … Fahrt durch Alsen (Ulkeböll, Kjaer, Augustenburg) …"

Am 27. September kehrte Fontane nach Flensburg zurück. Durch Fontanes Notizen erfahren wir davon u. a. folgendes: „Um 5 auf. Um 6 Rückfahrt nach Flensburg. Jetzt mit 2 Beichaisen (halboffenen Wagen). Vorher das Sonderburger Schloß besucht… Die Landschaft sehr reizend. Rückfahrt über Düppel; alles schon wieder im Friedensgewand; nur – Grabkreuze und die Pulverkammern. Um 11 Uhr in Flensburg. Im Hotel alles abgemacht. Gefrühstückt: holsteinische Austern. Auf der Post Briefe von Emilie und Storm in Empfang genommen…" Storms Antwortbrief („Husum, 23. Sptb."), der ebenfalls in der jetzt erschienenen neuen Storm-Fontane-Briefausgabe abgedruckt ist, lautet:

„Lieber Fontane, Hand auf's Herz, das ist wirklich eine große Freude. Sie sind natürlich zu jeder Stunde mit und ohne Anmeldung willkommen, leider wohnen wir ‚eng aber mit Liebe', so daß, da eine Verwandte auf Besuch ist, die Unmöglichkeit ist, Ihnen Nachtquartier zu schaffen. Aber in den Hotels ist überflüssig Platz, und ein paar Nächte müssen Sie hier bleiben. Für den Tag nehmen wir Sie natürlich gänzlich in Beschlag. Da

Haus, Husum, Süderstraße 12, wo Storm mit seiner Familie 1864–1866 wohnte (mittleres Gebäude) und wo Fontane ihn besuchte. (StA Husum, Wooley-Bildnachlass)

werden also ein paar Trümmer des seligen Rütli <Dichtervereinigung in Berlin> mal wieder zusammenkommen."

Fontane fuhr dann am 27. September um 3 Uhr von Flensburg ab und wurde, wie seine Tagebuchnotizen ausweisen, am Bahnhof in Husum

„von Storm und seinen 2 ältesten Jungens erwartet". Sie geleiteten ihren Gast zunächst zu „Thoma's Hotel" und dann in die „Süderstraße 12", in das alte Predigerwitwenhaus, das der Landvogt Storm mit seiner Familie damals bewohnte.

Fontane fand – laut Tagebucheintragung – „Husum und Storms Haus sehr nett". Vielleicht hat man im Garten Tee getrunken. Storm hatte kurz vorher die von ihm so geliebte Gartenecke in einem Brief an Pietsch (vom 10.7.1864) folgendermaßen geschildert: „… sitzen … im Garten, einem schönen Rasen und blühenden Zaun gegenüber, auf einer großen Familienbank, die wir uns nebst Tisch haben zimmern lassen: So sieht's aus <Zeichnung>, von Gebüsch umgeben: nachmittages ist's schattig, und wird hier der Tee getrunken…" Fontane notierte nüchtern: „Dann zu Storm. Idyll. Garten, Kinder…"

Husum, Süderstraße 12: „Tisch", Storms Zeichnung der „Familienbank" im Garten: „Tisch", „Bank", umschlossen von Gebüsch. (Aus einem Brief an L. Pietsch: LB-Kiel)

Ein „Nachmittagsspaziergang" schloss sich an, durch die Stadt (Fontane: „Jahrmarkt; die Stadt flaggt") auf dem Deich zum Porren- und Dockkoog hinaus, bis zu den Austernbassins, die damals in aller Munde waren. Die „Gartenlaube" Nr. 48/1862 hatte ausführlich davon berichtet und ihren Bericht durch eine Zeichnung veranschaulicht. Der Feinschmecker Fontane interessierte sich offenbar für diese neue Art, die von Whitstable in England importierten Austern frisch zu halten. In seinen „Erinnerungen" notierte er jedenfalls ausdrücklich: „Die Austernstelle".

Beide Dichter haben an diesem Tag angeregte Gespräche miteinander geführt. Storm berichtet in einem Brief (zwischen dem 14.9. und 22.11.1864) Pietsch davon: „Neulich war Fontane einen Tag bei uns. Wir haben uns in den paar Stunden fast um den Hals geredet." An einige Themen erinnert sich Fontane später: „Erziehung der Kinder. Das Natürliche…". Die Politik aber wurde dabei gewiss nicht ausgespart. Storm deutet das in seinem Brief an Ludwig Pietsch an: „ … er ist trotz einer Mitredaktionsschaft an der ††† <Preußischen Kreuzzeitung> doch ein netter traitabler Mensch und – ein Poet."

Wie stark den Poeten Fontane der Besuch bei Storm in Husum beeindruckt hat, zeigen die Stichworte, die er sich notiert hat: „Husum. Storm-Szenerie. Die Stadt. Die Marsch, die Geest, der Deich, die Koogs oder Kroogs, die Polder, das Meer, das Watt, die Flut – ich zähle es nur auf, wer wollte es beschreiben, denn es gibt wohl keine Lokalität in Deutschland, die von derselben Hand so oft u. so meisterhaft beschrieben worden wäre. Diese Hand ist die Th. Storms, (…)".

Fontane ist am 28. September 1864 von Husum nach Berlin zurückgekehrt. Dort hat er dann mit der Arbeit an dem Bande „Der Schleswig-Holsteinische Krieg" begonnen, der 1866 beim „Verlag der Königlich Geheimen Ober-Hofbuchhandlung" (R. v. Decker) in Berlin erschienen ist. (Aus diesem Band wurde hier zitiert.)

Erst 25 Jahre später hat Fontane das vielfältige Anschauungsmaterial, das er von seinen beiden Schleswig-Holstein- und Dänemark-Reisen mitgebracht hatte, poetisch verwertet: in seinem Roman „Unwiederbringlich", der 1891 in der „Deutschen Rundschau" als Vorabdruck und 1892 in Buchform erschien. In diesem Roman tauchen Namen und Gestalten (z. B. Pastor Schleppegrell aus Broacker, General du Plat und der Husumer Amtmann Thomsen (Oldernswort) wieder auf, die dem Dichter auf seinen beiden Reisen begegnet sind; wir finden uns in die Landschaft versetzt, die – besonders im Bereich der Flensburger Förde – auf Fontane einen so großen Eindruck gemacht hat; Hauptschauplätze des erzählten Geschehens sind „Holkenäs" (Holnis) und Kopenhagen. Selbst aus den „Flensburger Nachrichten" wird in Fontanes „Unwiederbringlich" zitiert (im Schlusskapitel). Von Fontanes Erzählungen hat Storm übrigens nur „Grete Minde" (1880), „Ellernklipp" (1881), „Schach von Wuthenow" (1883) und „Graf Petöfi" (1884) gekannt; aber Urteile Storms über diese frühen Arbeiten seines Dichterfreundes sind nicht erhalten. Die größeren Romane, die Fontane berühmt gemacht haben, wie der oben genannte Roman „Unwiederbringlich" (1892), wie „Irrungen – Wirrungen" (1888), „Stine" (1890), „Frau Jenny Treibel" (1893), „Effi Briest" (1895) und „Der Stechlin" (1897) hat Storm nicht mehr kennengelernt: sie sind erst nach Storms Tod (1888) erschienen.

Die Bedeutung von Storms Urgroßvaterhaus für seine Dichtung und die Entdeckung von Resten des „Gesellschaftssaales"

Es gibt wenige Häuser, die in Storms Leben und Werk eine so bedeutsame Rolle spielen wie das Haus Schiffbrücke 16 in Husum, das an der Ecke zur „Twiete" liegt. Es ist das Haus seines Urgroßvaters, des Bierbrauers und Senators Joachim Christian Feddersen (1740–1801). Durch die Urgroßmutter, die das Geschäft ihres Mannes weiterführte und die Storm – wie er selbst sagt – „bis in sein 14. Jahr behielt" (sie starb 1829), sowie durch die Großmutter, die für ihn in mancher Hinsicht Mutterstelle einnahm (sie fand zuletzt Aufnahme im Elternhaus in der Hohlen Gasse und starb erst 1854), war das Haus an der Twiete dem Dichter besonders vertraut[1].

Storm beschreibt das Haus anschaulich in der autobiographischen Erzählung „Von heut' und ehedem" als ein Haus mit „spitzem Giebel", das „aus blankpolierten Fenstern wie die lachende Gegenwart auf die Schiffe des gegenüberliegenden Hafens" blickte (LL IV, S. 193 ff.). Die Haustür führte in einen „weißgetünchten, durch zwei Stockwerke hinaufreichenden Flur"; und durch einen „düsteren, mit Fliesen ausgelegten Pesel, dessen Fenster nach einer engen sonnenlosen Twiete hinauslagen", gelangte man zum „Hinterhaus", in dessen oberen Stockwerk der „Gesellschaftssaal" (S. 195) lag, „ein besonders tiefes, geräumiges Gemach", dessen „Decke mit schwerer Stukkatur verziert" und dessen „weiße Wände mit Kupferstichen in den verschiedensten Manieren und Pastellbildern bedeckt" waren. Die Zusammenkünfte der „Vereinigten freundschaftlichen Gesellschaft" in diesem Saal und ihre „Regeln" hat der Dichter aufs anmutigste geschildert.

Hier wird deutlich, dass das Haus an der Twiete aus einem Vorder- und Hinterhaus bestanden hat. Ein altes Foto zeigt uns beide Häuser (vgl.

Abb.): das vornehme Vorderhaus aus dem Jahre 1744 (Umbau 1815), das Hinterhaus mit den Mauerankern J. C. F. (den Initialen ihres Erbauern Joachim Christian Feddersen) und „1770" (dem Baujahr) im Giebel.

Beide Häuser hat Storm zum Schauplatz seiner tragischen Novelle „Carsten Curator" (1877) gemacht. Es ist hier das „Haus an der Twiete des Hafenplatzes" (II S. 56), das der „Kleinbürger" vom „Großvater" ererbt hat (das Hinterhaus ist hier nur ein ‚Seitenbau'). Die Novelle endet tragisch: Der Sohn ertrinkt in den Wellen einer Sturmflut, und der Vater geht – „während drinnen der Auktionshammer schallte" „aus seinem alten Hause, um es niemals wieder zu betreten" (II 521).

Auch den Eingangsrahmen seiner letzten und größten Novelle, der „Schimmelreiter"-Novelle, verlegt der Dichter hierher (und setzt dabei gleichzeitig seiner Urgroßmutter ein Denkmal!). Die ersten Sätze der Novelle lauten bekanntlich: „Was ich zu berichten beabsichtige, ist mir vor reichlich einem halben Jahrhundert im Hause meiner Urgroßmutter, der alten Frau Senator Feddersen, kundgeworden…". Als Raum, in dem – nach der Fiktion des Dichters – der Rahmenerzähler die Geschichte vom gespenstigen Reiter, vom Schimmelreiter, erfährt, müssen wir uns das – wahrscheinlich nach vorn hinter den Fenstern des Ausbaus liegende – Wohnzimmer des Hauses vorstellen (auf dem Foto links von der Haustür).

Dass der Dichter auch Teile einer vierten Novelle hier spielen lässt, wurde durch einen Brief Storms an den Greifswalder Historiker Professor Karl Theodor Pyl vom Juli 1877 bekannt. Storm beschreibt dort ein altes Foto von den Häusern an der „Schiffbrücke"[2]: „Das 4te Haus von links war das Haus meiner mütterlichen Urgroßmutter, der Senatorin Feddersen, einer alten feinen stattlichen Patrizierin, die ich bis in mein 14. Jahr behielt, und in deren Hause die Familie oft die Sonntagnachmittage und Abends zubrachte. Dicht daneben ist ein schwarzer Raum; das ist eine nach der <Groß->Straße führende enge ‚Twiete', an der entlang sich das sehr lange

Das „Urgroßvaterhaus", Husum, Schiffbrücke 16, an der „Twiete" mit „Hinterhaus" (beide Häuser heute abgerissen) (alte Aufnahme). (StA Husum, Wooley-Bildnachlass)

Haus streckt. Das Innere des Hauses finden Sie in ‚Immensee': das Haus, wo der alte Reinhardt wohnt; nur daß droben im Hinterhaus nicht dessen Zimmer, sondern, wenn man durch den hohen dunklen Pesel auf einen dahinter liegenden Flur getreten und eine Treppe hinaufgegangen war, mit der gegenüber befindlichen Porzellan-Kammer, der große mit hoher Stuckdecke versehene Festsaal des Hauses in selten gestörter Einsamkeit lag. Die Wände (weiß) waren ganz mit zum Theil wertvollen Kupferstichen bedeckt … Der Saal (jetzt zerstört) war sehr tief und empfing durch seine zwei schmalen Fenster von der Twiete nur ungenügend Licht."

Aus Storms Brief an Pyl wissen wir nun, wo die Eingangsszene der Novelle „Immensee" zu lokalisieren ist, wenn es von dem alten Reinhardt heißt: „Endlich stand er vor einem hohen Giebelhause still, sah noch einmal in die Stadt hinaus und trat dann in die Hausdiele. Bei dem Schall der Türglocke wurde drinnen in der Stube von einem Guckfenster, welches nach der Diele hinausging, der grüne Vorhang weggeschoben und das Gesicht einer alten Frau dahinter sichtbar. Der Mann winkte ihr mit seinem Rohrstock. ‚Noch kein Licht!' sagte er in einem etwas südlichen Akzent; und die Haushälterin ließ den Vorhang wieder fallen. Der Alte ging nun über die weite Hausdiele, dann durch einen Pesel, wo große Eichschränke mit Porzellanvasen an den Wänden standen; durch die gegenüberstehende Tür trat er in einen kleinen Flur, von wo aus eine enge Treppe zu den oberen Zimmern des Hinterhauses führte. Er stieg sie langsam hinauf, schloß oben eine Tür auf, und trat dann in ein mäßig großes Zimmer. Hier war es heimlich und still, …" (LL I, S. 295).

Nachdem das „hohe Giebelhaus", das Vorderhaus, bereits 1898 abgerissen und durch einen architektonisch weniger interessanten Neubau ersetzt worden war, ist im Januar 1993 auch das sog. „Hinterhaus" abgerissen worden. Die Maueranker J. C. F. sind erhalten und wurden an der Wand des Neubaus (zur Twiete hin) angebracht; dort sollen sie an die literarische Geschichte des „Urgroßvaterhauses" erinnern.

Besonders hervorgehoben wird vom Dichter in den „Zerstreuten Kapiteln" das Urgroßvaterhaus mit dem „Hinterhaus" und dem „großen mit hoher Stuckdecke versehenen Festsaal", in dem Storm die „Vereinigte freundschaftliche Gesellschaft" tagen und dem er in mehreren seiner Novellen eine bedeutsame Rolle zufallen lässt. Dieser „Gesellschaftssaal" (IV S. 195), den der Dichter noch in seiner vollen Pracht erlebt hat, und den er als ein „besonders tiefes, geräumiges Gemach" beschreibt, „die Decke mit schwerer Stukkatur verziert", die „weißen Wände mit Kupferstichen … bedeckt" (IV S. 199), war zwar schon zu Storms Zeit (wie er auch in dem oben zitierten Brief angibt) bei einem Umbau „zer-

Bruchstück der „mit schwerer Stukkatur verzierten" Decke des „Saales" im Hinterhaus des Urgroßvaterhauses. (LL IV, S. 199)

stört" worden, aber man hat nun, – und das ist geradezu ein Wunder! – noch einen Rest der poetisierten Wirklichkeit wiederentdeckt.

Tatsächlich fanden sich – nach ca. 150 Jahren! – unter der modernen Zwischendecke Reste der alten „schweren Stuckdecke", von der Storm spricht. Ein prächtiges, 35 Zentimeter hohes Wand-Karnies lief ehemals unter den mächtigen Eichenbalken um das „tiefe, geräumige Gemach" und war zum Teil noch erhalten; und zwischen den profilierten, weiß getünchten Balken hingen noch einige der schweren, 50 mal 50 Zentimeter großen Stuck-Deckenplatten. So konnte die „mit schwerer Stukkatur verzierte Decke" des Festsaals rekonstruiert werden (vgl. Abb.). Hier, unter dieser Stuckdecke also, muss man sich die Szenen vorstellen, die Storm z. B. in „Von heut' und ehedem" schildert: „... heute war Gesellschaft und fröhliches Leben im großen Saale... In der Tiefe des Zimmers war der Kaffeetisch serviert..." (LL IV, 199 u. 201 f.). Die Firma C. J. Schmidt freilich, die hier – auf der ihrem Geschäftshaus gegenüberlie-

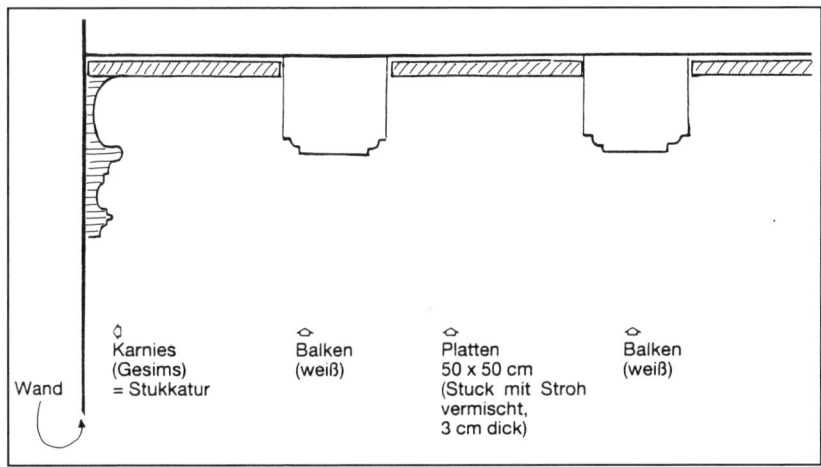

Rekonstruktion der Decke des „Gesellschaftssaales", des „großen mit hoher Stuckdecke versehenen Festsaals" im „Hinterhaus" des Urgroßvaterhauses, nach Resten, die beim Abbruch des Hauses entdeckt wurden. (Zitate aus Storms Beschreibung des Hauses in seinem Brief an Karl. Th. Pyl vom 10.7.1877)

genden Seite der Twiete – vor einigen Jahren ihre Schneiderstube hatte, ahnte freilich nicht, dass hinter den Decken- und Wandverschalungen Reste der alten von Storm bewunderten Rokoko-Wirklichkeit noch erhalten waren.

Anmerkungen:

1. Zum Thema „Dichtung und lokale Wirklichkeit in Storms Novellistik" vgl. K. E. Laage in: „Theodor Storm: Studien zu seinem Leben und Werk", Erich Schmidt Verlag. Berlin 1985, S. 42 ff. (2. Aufl. 1988)
2. Th. Storm und K. Th. Pyl, Unbekannte Briefe, hg. Von Kurt Gassen, in: Pommersche Jahrbücher Bd. 33 (1931), S. 128–152; vgl. besonders Storm an Pyl, S. 136 f. (10.7. u. 26.9.1878)

Das Husumer Schloss und der „Todeskampf-Kamin"; Schauplätze in Storms Novelle „Im Schloß"

Dass der Rittersaal des Husumer Schlosses den Dichter Theodor Storm besonders beeindruckt hat, wissen wir von Storm selbst. Am 13. August 1873 schreibt der dem österreichischen Literaturkritiker Emil Kuh, dass er „durch Örtlichkeiten starke Eindrücke empfangen" habe, u. a. „durch den mit alten Bildern bedeckten Rittersaal des Husumer Schlosses".

Besonders eng sind Wirklichkeit und Dichtung in der Stormschen Novelle „Im Schloß" miteinander verbunden. Das Schloss ist dort zwar ein ehemaliges „Jagdschloß", dessen „großes steinernes Herrenhaus" in der Nähe eines Dorfes liegt. Für das Schlossgebäude selbst aber ist das Husumer Schloss Storms Vorbild gewesen, und wir staunen, wie genau der Dichter die Schloss-Wirklichkeit aus der Erinnerung in der Novelle wiedergegeben hat, obwohl er damals, als er die Novelle schrieb (1862), weit weg von Husum, im eichsfeldischen Heiligenstadt, lebte. Es wird andererseits aber auch deutlich, dass Storm – wie er es auch sonst zu tun pflegte – das erinnerte Bild der Wirklichkeit da, wo es ihm als Dichter notwendig erschien, für seine poetischen Zwecke veränderte.

Wir lernen das Schloss in der Novelle aus dem Blickwinkel Annas, der Schlossherrin, kennen und können mit Hilfe des Novellentextes dem Husumer Schloss in Gedanken geradezu einen Besucht abstatten (LL I S. 484): „Mit den Flügelgebäuden" umfasst das Schloss „einen geräumigen Hof", einen „Steinhof". Durch eine „schwere Tür" „neben dem stumpfen Eckturm" (zu Storms Zeit fehlt dem Turm die erst 1980 wieder aufgesetzte Turmspitze) gelangt man auf einer „breiten Treppe" in das obere Stockwerk. Auf dem „oberen Flur", einem „langen Korridor", führt eine „Tür" in den „Rittersaal", der „das halbe obere Stockwerk in seiner ganzen Breite einnimmt". An den „Wänden" des Saales stehen „wie immer schweigend" die „Bilder verschollener Menschen".

Selbst Details erinnert der Dichter (in Annas Worten – S. 490): „die gegenüberliegende Tür zu des Oheims Zimmer war weit geöffnet; sie <Anna> konnte deutlich die vergoldeten Engelsköpfe unter dem Kaminsims erkennen". Solche Engelsköpfe sind tatsächlich an beiden Seiten des Kamins unter dem Kaminsims angebracht (vgl. Abb.).

In die Erzählung verwebt Storm aber auch eine Jugenderinnerung. In der Novelle heißt es weiter (S. 493): „Dicht neben der Eingangstür <zum Rittersaal> hing das Bild des Ritters mit dem bösen Gewissen und dem schwarzen krausen Bart, von dem es hieß, er werde rot, sobald ihn jemand anschaue". Hier hat Storm eine Sage verwertet, die er schon Ende der 1830er oder Anfang der 40er Jahre in seinen Band „Meine Gedichte" eingetragen und dann dem Kieler Germanisten Karl Müllenhoff für seine Sagensammlung zur Verfügung gestellt hatte. In Müllenhoffs Band „Sagen, Märchen und Lieder der Herzogtümer Schleswig, Holstein und Lauenburg" (Kiel 1845, Nr. 548) heißt es: zum „erröthenden Bild": Mein Freund Storm erzählte mir: „Im großen Rittersaal des Husumer Schlosses waren noch in meinen Knabenjahren die Wände dicht mit alten Ritterbildern behangen, meist in Lebensgröße. Darunter war auch das Bild eines Ritters, der muste roth werden, wenn mans fest anschaute; wir Knaben machten uns oft dies Vergnügen, aber immer mit heimlichem Grauen. Jetzt sind alle Bilder nach Kopenhagen geschafft, und man weiß nicht, ob das Bild da noch so verschämt geblieben ist".

In diesem Zusammenhang ist in der Novelle auch von dem sogenannten „Todeskampf-Kamin" die Rede (S. 492). Dieser ist wohl der schönste der sechs bis heute erhaltenen, von dem Kieler Künstler Henni Heitrider geschaffenen und 1614 im Schloss aufgestellten Kaminen. Der Todeskampf-Kamin stand zu Storms Zeit noch am ursprünglichen Platz: an der Stirnseite des Rittersaales. Er wurde 1919 vom preußischen Staat erworben und in Berlin im damaligen „Deutschen Museum" aufgestellt; heute befindet er sich im Bode-Museum. Im Jahre 1992 konnte eine genaue Kopie des Todeskampf-Kamins an dem alten Platz aufgestellt werden. So lässt sich heute die Wirklichkeit (der Rittersaal mit dem Todeskampf-Kamin), die Storm in Heiligenstadt erinnerte, mit der Novelle vergleichen; in der Novelle lautet der entsprechende Absatz (S. 492):

Die „Todeskampf"-Szene am Kamin im Rittersaal des Husumer Schlosses. (StA Husum)

DAS HUSUMER SCHLOSS UND DER „TODESKAMPF-KAMIN"; SCHAUPLÄTZE IN STORMS NOVELLE „IM SCHLOSS"

Engelskopf am „Todeskampf-Kamin". (StA Husum)

„Mein Lieblingsaufenthalt im Hause war der große Rittersaal, der das halbe obere Stockwerk in seiner ganzen Breite einnimmt. Leise und nicht ohne Scheu vor der schweigenden Gesellschaft drinnen schlich ich mich hinein; über dem Kamin im Hintergrunde des Saales, aus Marmor in Basrelief gehauen, ist der Krieg des Todes mit dem menschlichen Geschlechte dargestellt. Wie oft habe ich davor gestanden und mit neugierigem Finger die steinernen Rippchen des Todes nachgefühlt!"

Tatsächlich liegt der Todeskampf-Kamin „im Hintergrunde des Saales" und „über dem Kamin" ist „der Krieg des Todes mit dem menschlichen Geschlechte" dargestellt. Auch die Figur des Todes können wir ausmachen; wir finden sie im linken Teil des Reliefs, den Pfeil des gespannten Bogens auf die Menschen gerichtet. Das ist ein sehr eindrucksvolles Bild (Abb.). Storm aber hat die Szene bzw. die Figur des Todes in seiner Dichtung noch eindrucksvoller gestaltet als der Bildhauer im Relief. Der Bildhauer hat nur die zwei oberen Rippen rechts oberhalb des Mantels sichtbar gemacht, so dass der Betrachter sie von unten kaum wahrnehmen kann. Storm rückt die Rippen des Skeletts in den Mittelpunkt der Betrachtung und verstärkt ihre Wirkung noch durch den Kontrast zwischen dem Tod und dem Leben (personifiziert einerseits durch die auf dem Relief dargestellte Menschengruppe, auf die der Tod seinen Pfeil richtet, andererseits durch die junge Anna, die das Relief betrachtet). Storm gelingt mit seiner Darstellung eine so große Anschaulichkeit, dass der Leser diese Stelle mit einem gewissen Schaudern liest, als hätte er selbst mit seinem „neugierigen Finger" „die steinernen Rippchen des Todes" nachgefühlt!

Zur Doppelstruktur der Novelle „Viola tricolor"

Mit der Übernahme von Theodor Storms Wohnhaus in der Husumer Wasserreihe aus Privatbesitz in den Besitz der Stadt Husum und der Storm-Gesellschaft im Jahre 1970 wurde deutlich, dass der Dichter bei der Abfassung seiner Stiefmutter-Novelle „Viola tricolor" sein eigenes Haus vor Augen gehabt hat, das Haus auch, in dem er selbst Stiefmutter-Probleme erlebt hat[1].

Der Dichter selbst hat zwar nie davon gesprochen, dass er beim Schreiben der Stiefmutter-Novelle das Haus, in dem das Novellengeschehen abläuft, sein eigenes Wohnhaus also, als Novellenschauplatz benutzt hat. Jedoch der Novellen-Text ist so anschaulich und lehnt sich so eng an die Wohnhauswirklichkeit an, dass der Leser sich heute, mit dem Novellentext ist der Hand, im Storm-Haus zurechtfinden kann (die Textstellen: LL II, S. 131 ff., hier: in „Anführungszeichen"):

Der Leser ‚sieht' geradezu die Dienerin aus der „Flügeltür", die einer in das „Oberhaus" „hinaufführenden Treppe" gegenüberliegt, heraustreten und dann die Tochter, Nesi, die „Tür des Zimmers" öffnen, durch die „schweren Vorhänge" in das Zimmer treten, in einen „tiefen Raum", dessen Wände mit „dunkelgrünen Sammettapeten" bedeckt sind und dessen „beide Fenster" auf eine „eingeengte Straße" hinausgehen. Mit Nesi kann der Leser dann wieder „durch die Türvorhänge" „auf den Flur" hinausgehen, die „Treppe" „hinauf", den „Korridor" entlang „bis an die letzte Tür" und ins „Studierzimmer" des Vaters hineingehen. Durch das „Fenster" blickt sie dann „hinaus" in den „großen Garten des Hauses" mit „weiten Rasen- und Gebüschpartien".

Bei so großer, überraschend großer Wirklichkeitsnähe fragt man sich, wie der Dichter dazu kommt, sein eigenes Wohnhaus, den Ort, wo er selbst lebt und an der Novelle arbeitet, zum Schauplatz der Dichtung zu ma-

Theodor Storms Wohnhaus, Husum, Wasserreihe 31: Schauplatz der Novelle „Viola tricolor". (StA Husum)
- Untere Etage, die ersten beiden Fenster zur Straße: „... beide Fenster" des „Viola tricolor-Zimmers", die „auf die eingeengte Straße hinausgehen."
- Eingangstür, darüber (in der 1. Etage) Fenster (nach Osten!), durch das <in der Novelle!> der „Strahl der Abendsonne" (!) ins Haus scheint.

chen. Offenbar brauchte Storm eine reale gegenständliche Welt, um seelisch so komplizierte, selbst durchlebte Eheprobleme darzustellen. Möglicherweise ist die eigene Wohnhaus-Realität halb unbewusst Hintergrund des erzählten Geschehens geworden. Nirgends jedenfalls hat Storm später davon gesprochen, dass er in seiner „Viola tricolor"-Novelle das eigene Wohnhaus als Hintergrund benutzt hat. Auch den Lesern ist das niemals aufgefallen.

Von Anfang an erhält der aufmerksame Leser jedoch auch einen Hinweis auf die Doppelstruktur der Novelle. Im Gegensatz zu der gegenwartsbezogenen Wohnhausbeschreibung (s. o.), wird auf die zurückliegende Zeit verwiesen, aus der das neuvermählte Paar in das Haus eintritt: „… durch das Fenster über der Haustür fiel noch ein Strahl der Abendsonne". Da die Haustür in Wirklichkeit von Osten ins Haus führt, ist dies ein Hinweis, dass das neuvermählte Ehepaar mit einer besonderen persönlichen Vergangenheit das Haus betritt. Der „Strahl der Abendsonne" verweist auf die vergangene Zeit (vgl. später: das „westliche Fenster" und den „Schein des Abendgoldes"), auf eine Zeit, die zurückliegt. Die Doppelstruktur des Novellengeschehens (Wohnhaus = Gegenwart; Garten, Abendsonne und Abendgold = Vergangenheit) wird hier angedeutet.

Aus der Gegenwart des Hauses (vgl. die Zitate: s. o.) wird also von Anfang an auf die Vergangenheit hingewiesen, nicht nur durch den „Strahl der Abendsonne", der durch die Fenster über der Haustür in den Flur fällt, sondern vor allem durch den Garten, der aus dem „westlichen Fenster" des Arbeitszimmers zu sehen ist. Schon die Tatsache, dass es ein solches „westliches Fenster" im Arbeitszimmer des Dichters nicht gibt, ist dieser Garten (im Gegensatz zum Garten am Haus, der durch das „reale" Fenster des Arbeitszimmers zu sehen ist und wirklich existiert) eine „Gartenwildnis" mit einer „im augenscheinlichen Verfall" befindlichen „Rohrhütte", mit „verdorrten Reisern an den entfärbten Blumenstöcken"

Storm-Haus, unterer Flur mit Treppe, die in die obere Etage zum „Saal" und zu Storms „Poetenstübchen" hinaufführt. (StA Husum)
- In der Novelle: Treppe zum „Studierzimmer des Vaters"
- Gegenüberliegend: die „Flügeltür" des „Viola tricolor"-Zimmers.

ZUR DOPPELSTRUKTUR
DER NOVELLE „VIOLA TRICOLOR"

Theodor Storms „Poetenstübchen", in der ersten Etage des Storm-Hauses: Fenster zum „großen Garten" (nach Osten) des Storm-Hauses. (StA Husum)
– Nur in der Novelle: „westliches Fenster", Blick in einen anderen Garten, in „Großmutters Garten", in den „Garten der Vergangenheit".
– Vom „westlichen Fenster (nur in der Novelle): „Schein des Abendgoldes", Schein „auf das schöne Bild der Toten".

und „fallenden Blättern". Hier wird der Blick geöffnet in eine andere Welt als die des Wohnhauses; in eine vergangene Welt!

Dieser Garten, ehemals „Großmutters Garten", – wie in späteren Abschnitten der Novelle noch deutlicher wird – ein „Garten der Vergangenheit", in dem der Mann mit seiner ersten Frau „Jahre des Glücks" erlebt hat.

Noch ein weiteres Mal (S. 137 f.), aber auf andere Weise, wird deutlich, dass neben der wirklichkeitsnahen Welt des Wohnhauses noch eine andere Welt existiert und in diese Wohnhauswirklichkeit hineinwirkt. Am Ende ihres Rundganges durch das Haus, im Arbeitszimmer des Mannes, erlebt Ines, wie durch das „westliche Fenster", also aus der Vergangenheit, „jenseits der Büsche" des „kleinen Gartens", der „Schein des Abendgoldes" auf das „schöne Bild der Toten" fällt; ein Zeichen, wie stark die Erinnerung an die erste Frau, wie die „Vergangenheit" in die Gegenwart hineinwirkt.

Im weiteren Verlauf der Novelle, im Mittelteil (vgl. S. 148 f.), erweist sich der „Garten der Vergangenheit" einerseits als Ort, an dem der Mann „Jahres des Glücks" erlebt hat, der ihn erinnert an den „traulichsten Ort des Zusammenlebens" mit seiner ersten Frau, aber auch an ihren Tod. Da der Mann diesen Garten „verschlossen" hält, also seine zweite Frau (und seine Tochter) an seiner Vergangenheit nicht teilnehmen lässt, kommt es zu Komplikationen. Die zweite Frau verliert ihren Lebensmut. Sie erkennt, dass ihr Mann in Gedanken „bei ihr", bei der Verstorbenen, ist, und spricht aus, was sie empfindet: „Das ist Untreue, Rudolf". Und der Mann kommt – hier zum ersten Mal – zu der Einsicht: „… ich habe unrecht getan" (S. 148). Damit ist die Voraussetzung geschaffen für eine Wende, einen Neuanfang.

Ein gemeinsames Kind führt dann die Wende herbei. Der „Garten der Vergangenheit" wird geöffnet, der Weg ist frei in eine „fröhliche Zukunft" – ein vielsagendes, anschauliches Bild, wie aus der Bewältigung der Gegenwart unter Hereinnahme der Vergangenheit Zukunft werden kann.

Anmerkung:

1. Erster Hinweis auf das Storm-Haus als Schauplatz der Novelle im „Nachwort" der Textausgabe der Novelle „Viola tricolor", hg. von K. E. Laage, in: Husum Druck und Verlagsgesellschaft 1986, S. 35.

Urlaubstage in Fovslet im deutsch-dänischen Grenzgebiet

Fovslet – Storm gebraucht immer den deutschen Ortsnamen Fobeslet – ist ein Gut, etwa 7 Kilometer südlich von Kolding. Das Gut gehörte zur Stormzeit dem Ehepaar Georg und Meta Lorenzen, und Briefe Storms an das Ehepaar Lorenzen sind erhalten.[1]

In einem Brief an seinen Münchener Dichterkollegen Paul Heyse vom 17.11.1876 erzählt Storm, dass er die Sommerferien mit seiner Frau Dorothea und seinem jüngsten Kind Dodo (Friederike) „auf einem Gut in Nordschleswig" „jetzt leider Jütland" verbracht habe. Mit den Worten „jetzt leider Jütland" verweist Storm auf die Grenzkorrektur, die Preußen und Dänemark Ende 1864 vereinbart haben (das war nach dem Krieg von 1864, der dazu führte, dass Dänemark ganz „Nordschleswig" bis zur Königsau an Preußen abtreten musste). Damals erhielt Dänemark – im Austausch gegen mehrere kleinere dänische Enklaven in Nordschleswig – einen knapp 200 Quadratkilometer umfassenden Gebietsabschnitt südlich von Kolding; mitten in diesem Gebiet, also auf dänischem Staatsgebiet, lag bzw. liegt heute noch Fobeslet.

Im Jahre 1876, als Storm über die dänische Staatsgrenze reiste, war offenbar von den früheren Spannungen zwischen Dänemark und Schleswig-Holstein nichts zu spüren. Irgendwelche Passschwierigkeiten oder Grenzkontrollen werden in Storms Berichten nicht erwähnt, und die Abtretung des Gebietes südlich von Kolding an Dänemark wird nicht mit patriotischen Sprüchen, sondern nur mit einem leichten Bedauern („leider") quittiert.[2]

In seinen Briefen (u. a. an Heyse 17.11.1876 und Margarethe Mörike 1.9.1877) spricht Storm davon, dass er nach Fobeslet „zu Verwandten" gereist sei. Das war allerdings eine sehr entfernte Verwandtschaft: Die Frau des Gutsherrn, Meta, war eine geborene Danielsen, und der Bruder von Storms Frau Dorothea, Martin Friedrich Jensen in Neumünster, hatte eine Sophie Danielsen, eine Schwester von Meta, geheiratet.

Die Beziehung von Dorothea Storm, geb. Jensen, zu Meta und Georg Lorenzen ging aber über das Verwandtschaftliche weit hinaus. Das verrät Storm in seinem ersten Brief an Georg Lorenzen (Mitte August 1876), in dem er die Lorenzens eine Familie nennt, „bei der meine Do in früheren Tagen eine so warme Zuflucht fand". Tatsächlich hat Dorothea – nach ihrer Trennung von Storm und ihrem Weggang von Husum bei den Lorenzens in Fobeslet „Zuflucht" gefunden: Ihr Brief vom 3. September 1853 an Storm ist in „Fobeslet" geschrieben und berichtet vom Leben auf dem Gut mit Georg und Meta Lorenzen.[3]

Einfahrt zum Gut Fovslet (Fobeslet), Dänemark. (StA Husum)

Die Lorenzens pflegten gute Nachbarschaft. Sie verkehrten – wie sich aus Storms Briefen erschließen lässt (3.9. und 16.11.1876) – mit dem aus Hamburg stammenden Gutsherrn Trummer, der das – direkt im Grenzgebiet liegende – Gut Frørup bewirtschaftete, und Verbindung hatte man auch mit dem Bruder von Georg Lorenzen, der weiter südlich in „Reffsø" (oder Revsø) das Stammgut der Familie bewirtschaftete.

Herzoffenheit bewiesen Meta und Georg Lorenzen vor allem damit, dass sie – selbst kinderlos – sieben Pflegekinder aufgenommen (fünf Mädchen und zwei Knaben) und für diese eigens Caroline von Passow als Erzieherin und Lehrerin engagiert hatten, eine offenbar sehr sympathische Frau, die Storm in seinen Briefen immer wieder erwähnt (23.5.1877: „die Treffliche").

Die Sommerferien 1876 in Fobeslet haben dem von Sorgen um seinen Sohn Hans niedergedrückten Dichter gut getan. Er war gerade von einer „Parforce-Tour" (Hetzfahrt) nach Würzburg, wo Hans studierte, zurückgekommen (Brief Mitte August 1876). Mit Freude und Genugtuung erinnerte sich Storm später an die „sonnige Fobesleter Idylle"; mit der „Reutervorlesung am Teich", dem „Klöhnen auf der Weizengarbe" und mit den gemeinsamen „Lustfahrten" (3. 9. 1876).

So überrascht es nicht, dass Storm die ihm brieflich eröffnete „Sommerperspektive" für 1877 gern angenommen hat (23.5.1877). Er hoffte, bis dahin den „schweren Block" wälzen zu können, d. h. den „schwierigen Novellenstoff, dem ich zehn Jahre immer aus dem Wege ging" bewältigen zu können (23.5.1877; gemeint ist die Novelle „Carsten Curator"). Storm war jedoch zuversichtlich, dass seine „Novellenzucht" sich mit Lorenzens „Schweinezucht" messen könne (8.7.1877).

Seine „3 Wochen Ferien" im Sommer 1877 hat Storm dann „zwischen Hademarschen und Fobeslet" geteilt (23.5.1877). Wie aus Briefen an seinen Verleger Westermann in Braunschweig hervorgeht, hat er seinen Urlaub vom 8. bis zum 18. August in Hademarschen und im Anschluss daran bis zum 3. September in Fobeslet verbracht (an Westermann 5.8. u. 26.8.1877).

Das Manuskript seiner Novelle „Carsten Curator" hat Storm Anfang August 1877 fertiggestellt und am 5. August 1877 dem Verlag zugeschickt, und er bat den Verlag, ihm sowohl die „Revisionsbogen" (die Korrekturbogen) als auch das Manuskript zu senden an:

> „Herrn G. Lorenzen
> zu Fobeslet
> p. Kolding – Dännemark"

Er forderte „3 Bogen Revision" an, weil er „hie und da zum Theil große Partieen ausgelassen, <die> anderswo an unwichtiger Stelle gedruckt waren und ich überdieß allerlei geändert habe" (26. 8.1877).

Storm hat also während seiner Fobesleter Idylle im Sommer 1877 kräftig gearbeitet, Korrektur gelesen und ganze Partien seiner „Carsten Curator"-Novelle umgearbeitet. Es war auch genügend Gelegenheit und Zeit dazu: „'Fobeslet im Regen' steht als ein sehr festes Bild in meiner Phantasie" schrieb er, als er wieder zu Hause war (9.9.1877). Aber ein „freundlich" Bild stand dem entgegen: „der Gartensaal in der Nachmittagskaffeestunde, wenn wir uns Groth und Reuter vorlasen".

Zu weiteren Sommeraufenthalten der Storms in Fobeslet ist es nicht gekommen. Die beiden Familien haben allerdings ihre Kinder bzw. Pflegekinder gegenseitig für Wochen in ihr Haus aufgenommen. Aber selbst zur Hochzeit der älteren Pflegetochter Elisabeth Jensen (Tochter von Dorothea Storms Bruder) in Fobeslet bzw. in der Kirche des benachbarten Ødis im Jahre 1879 haben Theodor Storm und seine Frau nur einen Abgesandten ihrer Familie, ihren Sohn Karl, geschickt. Trotzdem blieben die beiden Familien befreundet. Der letzte erhaltene Brief ist am 30. März 1882 geschrieben und beginnt mit „Lieber Freund Lorenzen".

Anmerkungen:

1. Die Briefe Storms an Georg Lorenzen in Fobeslet sind von Conrad Höfer 1923 veröffentlicht: „Theodor Storms Briefe an seinen Freund Georg Lorenzen 1876–1882", Leipzig 1923 (hier nur mit Briefdatum gekennzeichnet).
2. Die Briefe, die Theodor Storm mit dem dänischen Übersetzer Johannes Magnussen in den Jahren 1881 f. gewechselt hat, zeigen ebenfalls, dass die politischen Spannungen zwischen Dänemark und Schleswig-Holstein inzwischen abgeklungen waren und das Verhältnis sich normalisiert hat. Vgl. D. Lohmeier „Storm und sein dänischer Übersetzer Johannes Magnussen", in: Schriften der Theodor-Storm-Gesellschaft 33 (1984), S. 53–70.
3. Vgl. den von G. Ranft herausgegebenen Briefwechsel „Theodor Storm und Dorothea, geb. Jensen" in: Schriften der Theodor-Storm-Gesellschaft 28 (1979), S. 34–97, bes. S. 46 f.

Der missglückte Weihnachtsabend in Storms Novelle „Carsten Curator"

Der Schauplatz einer eindrucksvollen Szene in Storms 1877 vollendeter Novelle „Carsten Curator" ist bisher fast ganz unbeachtet geblieben. Es handelt sich um das alte Husumer Posthaus, das bis 1867 in der Norderstraße (Nr. 3) das Postamt und die Dienstwohnung des Amtsleiters beherbergte[1]. Obwohl das Haus nach dem Umzug des Postamtes im Jahre 1869 (in die Neustadt Nr. 13) umgebaut wurde[2], ist noch viel von dem alten Haus erhalten: die fast meterdicken Mauern, die Proportionen der Fassade und vor allem die aus den Jahren 1750 stammende schöne Haustür. Die Tür ist ein besonderes Schmuckstück des Hauses, ein Zeitdokument: Der Künstler bzw. Handwerker, der sie geschaffen hat, hat in wunderbarer Weise Elemente des Rokoko und des Klassizismus kombiniert.

Auch mit der Weihnachtsabendszene in der Novelle, die der Dichter hier vor dem Posthaus spielen lässt, hat die Forschung sich bisher kaum beschäftigt. Es ist ein Weihnachtsabend, dessen Stimmung den sonst von Storm geschilderten Weihnachtsabendidyllen[3] geradezu diametral entgegengesetzt ist.

Die Situation ist folgende: Der Kaufmann Carsten Carstens, dem seine Mitbürger wegen seines sozialen Engagements den Ehrennamen „Curator" gegeben haben, wohnt in dem „vom Großvater erbauten Haus" an der „Twiete des Hafenplatzes" (LL II 456 ff.).In diesem Haus wird von seiner Schwester alles für den Weihnachtsabend, zu dem man Heinrich, den Sohn des Kaufmanns, erwartet, vorbereitet: „Zwei blankpolierte Leuchter, auf denen schneeweiße russische Lichter in ebenso weißen Papiermanschetten steckten", weren auf den Tisch gestellt, Carsten hat „zwei (Wein-)Flaschen hinter dem warmen Ofen aufgepflanzt". Von draußen, in der „Dämmerung des Heiligen Abends", hört man den Gesang der „kleinen Weihnachtsbettler": „Vom Himmel hoch, da komm ich her" (S. 481).

Als die Lichter auf dem Weihnachtstisch schon brennen, macht Carsten Carstens sich auf den Weg zum „Postgebäude" in der Norderstraße, um

Das frühere „Posthaus" (Husum, Großstraße 3), Schauplatz der Weihnachtsabendszene in der Novelle „Carsten Curator" (alte Aufname). (StA Husum)

Die kunstvolle alte Tür des Posthauses (aus der Zeit um 1750/70), bis heute so erhalten. (StA Husum)

seinen Sohn Heinrich, der mit der Abend-Postkutsche aus Hamburg erwartet wird, abzuholen. Der Vater sieht – wie der Leser aus dem ersten Teil der Novelle weiß – mit banger Hoffnung der Begegnung mit seinem Sohn entgegen: Hat Heinrich aus dem Fehlverhalten in seiner ersten Lehrstelle bei dem Herrn Senator gelernt? (Er hatte 100 Taler, die er für seinen Dienstherrn bei Kunden in Flensburg einkassieren sollte, verspielt). Mit Hilfe eines Freundes hatte der Vater ihm dann in Hamburg eine neue Stelle besorgen können. Hat er sich dort bewährt? Während dem Vater solche Gedanken durch den Kopf gehen, wird er – im Dunkel der Nacht und bei „leichtem Frostschnee" – von dem „Stadtunheilsträger", dem Makler Jaspers, angesprochen. Der Makler ist eine unheimliche, so gar nicht „weihnachtliche" Gestalt: ein „kleiner ältlicher Mann in einem braunen abgeschlissenen Rock" mit „kleinen grauen Augen", der einen „hohen Zylinderhut" und eine „fuchsige Perücke" trägt.[4] Er ist dem Kaufmann Carstens schon einmal als Vorbote persönlichen Unglücks erschienen, damals, als Heinrich die 100 Taler verspielt hatte.

Als „Stadtunheilsträger" und als Unglücksbote erscheint er auch hier: Der Vater wartet vergeblich auf seinen Sohn. Unruhig geht er vor dem alten Posthaus auf und ab. Auch eine „Beichaise" (zusätzliche Postkutsche) wartet er noch ab. Zuletzt geht er vom Posthaus in sein Haus an der Twiete zurück. „Er ist nicht gekommen, er wird krank geworden sein", versucht er sich zu trösten. Der Makler Jaspers aber schürt des Vaters heimliche Ängste, indem er auf den Leichtsinn des Sohnes anspielt: „Carsten, lasst Euch den Heiligen Abend nicht verderben. Ihr wißt doch, in Hamburg gibt's ganz andere Weihnachten für die jungen Burschen, als in Eurem alten Urgroßvaterhause an der Twiete." (S. 489) Heinrichs Fortbleiben „zerstört im Haus an der Twiete alle Freuden": Die Geschenke werden „fortgeräumt" und die Lichter auf dem Weihnachtstisch werden „gelöscht".

Die bangen Vorahnungen, die Heinrichs Fortbleiben ausgelöst haben, bewahrheiten sich: Aus einem viel später eintreffenden „ganz munteren Brief" seines Sohnes erfährt der Vater, dass es diesem „richtiger" erschien, „den Weihnachtsmarkt in Hamburg zu genießen", dass er inzwischen gewinnbringende „Geschäfte" eingefädelt habe, und dass er jetzt wisse, „wo Gold zu holen" sei (S. 486).

Diese „Geschäfte" aber erweisen sich schon bald als Betrügereien. Der Vater muss seine „besten Hypothekenverschreibungen" einsetzen, um seinen Sohn vor dem Gefängnis zu bewahren. Aber auch mit einer neuen Existenz, die der Vater ihm aufbaut, geht er in Konkurs. Der Sohn ertrinkt zuletzt während einer Sturmflut, und der Vater muss das Haus an der Twiete verlassen, „während drinnen der Auktionshammer schallte".

So erweist sich die Weihnachtsszene in der Novelle „Carsten Curator" als eine Szene, die auf das tragische Ende der Novelle, auf den Untergang des Hauses an der Twiete, auf das Ende der Familie des Curators, vorausdeutet. Die Bilder vom vergeblichen Warten auf den Sohn im Schneetreiben vor dem Posthaus in der dunklen Norderstraße sind so trostlos, und die Weihnachtsstimmung im Hause an der Twiete ist so niederdrückend, dass Vorahnungen von einem unabwendbaren tragischen Ende im Leser aufkommen. Nirgends sonst in Storms Werk stoßen wir auf eine so düsteren Weihnachtsabendszene.

Anmerkungen:

1. Zum alten Postamt vgl: Felix Schmeißer, in: Alt-Husumer Bilderbuch, Husum: Petersen 1939, S. 23 f.
2. Schmeißer bzw. der Sohn der alten Postmeisters Mascher (Anm. 1) spricht fälschlicherweise von einem Neubau (S. 23).
3. Vgl. die Weihnachtsidyllen in „Unter dem Tannenbaum" und in „Abseits".
4. Der Makler Jaspers ist ein literarischer Vorfahre des Maklers Gosch in Thomas Manns „Buddenbrooks". Vgl. dazu meinen Aufsatz „Theodor Storm – Ein literarischer Vorfahre von Thomas Manns ‚Buddenbrooks'?" in: Thomas Mann Jahrbuch, Band 15 (Frankfurt a. M.: Klostermann 2002), S. 15 bis 33 (insbesondere S. 23).

Theodor Storms Besuch bei Paul Heyse in Prien am Chiemsee und ihre „Novellenschatzgeschäfte"

Storm hat im Sommer 1872 seine längste Reise unternommen. Er war von dem Reichsrat Alexander Schindler (als Dichter nannte er sich Julius von der Traun) auf dessen Schloss Leopoldskron bei Salzburg eingeladen. Er hat dort die Stadt Salzburg und das Salzburger Land kennen gelernt. Auf der Rückreise hat Storm seinem Münchner Dichterfreund Paul Heyse in Prien am Chiemsee einen Besuch abgestattet; er ist am 18. August um 11.48 Uhr mit dem Zug in Prien angekommen. Heyse hat ihn vom Bahnhof abgeholt und ins Quartier gebracht. Nachmittags sind sie – wie Heyse in seinem Tagebuch notiert hat – „im Regen geschlendert", und Heyse hat Storm „gezeichnet" (vgl. Abb. 116). Abends haben sie gemeinsam an einer Vorstellung des „blinden Schauspielers Julian" teilgenommen.

Storm und Heyse haben dort aber auch „gearbeitet"; sie haben – wie sie es nannten – „Novellenschatzgeschäfte besorgt". Auf Bitten von Heyse hatte Storm nämlich seit 1870 (vgl. ihre Briefe vom 20. und 23.3.1870) die Aufgabe übernommen, geeignete Werke auszuwählen für die Bände des „Deutschen Novellenschatzes", die Heyse herausgab, – eine schwere, auch zeitraubende Arbeit, die Storm damit auf sich genommen hat (die bisher wenig gewürdigt worden ist). Der Briefwechsel zwischen Heyse und Storm macht deutlich, welch freundschaftliche Zusammenarbeit der beiden Dichter sich daraus ergeben hat[1].

Insgesamt sind 24 (!) Bände des „Deutschen Novellenschatzes" erschienen, für die Storm Vorschläge gemacht hat, welche Novellen von welchen Autoren seiner Meinung nach „schatzwürdig" seien. Welche schwierige Aufgabe Storm damit übernommen hat, ergibt sich aus einer näheren Betrachtung ihres Briefwechsels: Man vergleiche z. B. den zweiten Teil des Briefes vom 9.7.1873, der vom 17.11.1873 datiert ist, und in dem Storm auf die dringende Bitte Heyses, welche Novellen Storm für „schatzwürdig" gefunden habe (14.11.1873), ausführlich antwortete. Wir zitieren eine Auswahl von den genannten Novellendichtern (und – in Klammern – die entsprechenden Novellen).

Konrad Ernst (Bauerngeschichten), M. Solitaire („Harnisch der Jungfrau von Orleans"), Julius von der Traun („Der Gebirgspfarrer"), Julius Mosen („Der Congreß von Verona"), Droste Hülshoff („Judenbuche"), E. M. Vacano („Onkel Irnerius"), E. Polko („Ferney"), Otto Müller („Der Tannen-

Theodor Storm 1872 in Prien am Chiemsee, Zeichnung von Paul Heyse aus dessen Notizbuch (mit freundlicher Genehmigung der heutigen Besitzer). (StA Husum)

schütz"), J. J. Engel („Herr Lorenz Stark"), Ada Christen („Vom Wege"), August Becker („Sternbuben"), J. G. L. Hesekiel („Halloren"), K. A. v. Heigel, Franz v. Nemmersdorf, K. W. Th. Frenzel, Ludwig Bechstein („Hexengeschichten"), Leopold Schefer („Düweke"), Heinrich Smidt („Aus einer kleinen Stadt"), Leo Goldammer („Eine Hochzeitsnacht", „Auf Wiedersehen"), Franz Kugler („Incantada"), Franz Wallner („Mohrenfreund", „Der arme Tosy").

Wie vertrauensvoll und freundschaftlich die Zusammenarbeit der beiden Dichter war, veranschaulichen die Worte, mit denen Heyse sich nach dem Besuch Storms bei diesem bedankte: „Der Nachklang jenes Tages in Prien ist auch uns lieb und teuer. Fahren wir fort, den Faden zwischen Süd u. Nord, lose, wie es ja leider nur sein kann, aber unzerreißbar fortzuspinnen" (25.10.2872).

Anmerkungen:

1. Vgl. die Ausgabe der Briefe, die Storm und Heyse gewechselt haben. Theodor Storm und Paul Heyse, Briefe, hg. von Cl. A. Bernd. Berlin: Erich Schmidt-Verlag, 3 Bände, 1969, 1970 und 1974, (vgl. hier Bd. I, S. 61).

Jena und Husum:
Zwei konträre Schauplätze der Zuchthäusler-Novelle „Ein Doppelgänger"

Jena ist der Schauplatz der Rahmenerzählung und Jena nennt der Dichter gleich am Anfang der Novelle „Ein Doppelgänger": „Vor einigen Jahren im Hochsommer war es, und alle Tage echtes Sommerwetter; ich hatte mich in Jena wie einst Dr. Martinus, in der Gastwirtschaft zum Bären einquartiert... " (LL III, S. 517).

Wie kommt der Dichter dazu, fragt man sich, den Schauplatz der Rahmenhandlung der Novelle „Ein Doppelgänger" nach Jena zu verlegen?

Storm hatte im Mai 1886, zwei Jahre vor seinem Tode also und schon kränkelnd, unterstützt von seinem jungen Freund Ferdinand Tönnies, noch einmal eine größere Reise unternommen: Er begleitete seine Tochter Elsabe zu ihrem Studienaufenthalt nach Weimar und nahm dort an der ersten Generalversammlung der neu gegründeten Goethe-Gesellschaft teil. Sein Besuch galt auch seinem Freund, dem damaligen Direktor des Goethe-Archivs, Professor Erich Schmidt, und dem kurz vor der Eröffnung stehenden Goethe-Haus am Frauenplan. In Weimar hat Storm dann – anlässlich eines Diners beim Großherzog von Sachsen-Weimar-Eisenach – den ihm schon vorher brieflich bekannten Kurator der Universität Jena, Heinrich Eggeling (1838–1911), getroffen und ist von ihm nach Jena eingeladen worden.

Storms Freund, der Soziologe Ferdinand Tönnies, hat den Dichter dorthin begleitet. In seinem Erinnerungsbuch „Gedenkblätter" schreibt Tönnies darüber: „Wir trafen uns dann wieder im ‚mythologischen' Jena, bei dem damaligen Universitätskurator Eggeling speisten wir mit dem trefflichen Professor Berthold Delbrück und seinen klugen Töchtern zusammen. Storm war wieder bei frischen Kräften, so daß er am Abend noch mit uns den Weg zum lieblichen Aussichtspunkte des Forsthauses, der doch eine Stunde Aufstiegs in Anspruch nahm, wohlgemut machen konnte."

Wie sich aus diesen Zeilen schließen lässt, hat der Aufenthalt in Jena dem Husumer Dichter Anregungen für die Rahmenerzählung der Zuchthäusler-Novelle „Ein Doppelgänger" gegeben, die Storm kurz danach – die Arbeit an seiner großen Novelle „Der Schimmelreiter" unterbrechend – in den Sommermonaten des Jahres 1886 niedergeschrieben hat.

Folgende Tatsachen aus Storms Jena-Aufenthalt liegen der Novelle zugrunde: Storm hat im Hotel zum „Schwarzen Bären" übernachtet, dort in der Gaststube das große Gemälde betrachtet, das Martin Luthers Aufenthalt im „Schwarzen Bären" auf seiner Rückkehr von der Wartburg nach Wittenberg am 3./4. März 1522 veranschaulicht, das von O. Schwerdtgeburth stammt (1861) und dort auch heute noch zu sehen ist. Während seines Aufenthalts ist Storm dann mit Tönnies zu dem „lieblichen" Forsthaus hinaufgewandert, das etwa „eine Stunde" westlich der Stadt zwischen der Schweizerhöhe und dem Johannisberg liegt. Auch vom „Fuchsturm" auf dem „Hausberg" auf der anderen Seite der Stadt ist ihm offenbar erzählt worden. Diese Eindrücke hat der Dichter dann in der Rahmenerzählung seiner Novelle „Ein Doppelgänger" verwertet (III 517 f.).

Die Novelle beginnt betont idyllisch „sommermüde": „Vor einigen Jahren im Hochsommer war es, und alle Tage echtes Sommerwetter; ich hatte mich in Jena, wie einst Dr. Martinus, in der alten Gastwirtschaft zum Bären einquartiert, hatte mit dem Wirt schon mehr als einmal über Land und Leute geredet (…), war nach Besteigung des Fuchsturms (…) in das geräumige, aber leere Gastzimmer zurückgekehrt…" (III, 517). Von einer

„Flasche Ingelheimer" wird der Erzähler „in den Schlaf gewiegt"; wird dann von einer „sonoren milden Männerstimme" geweckt und von einem Oberförster in seine Oberförsterei „reichlich eine Stunde von hier" „zwischen Eichen und Tannen" eingeladen.

Die Szenerie im Forsthaus ist – zunächst jedenfalls – betont friedlich-idyllisch; das Forsthaus selbst mit den „bürgerlich-schlichten Zimmern", ebenso die Spaziergänge in dem „umliegenden Wald". Dann aber werden dunklere Töne hörbar: als davon gesprochen wird, dass die Frau des Oberförsters aus derselben Stadt stammt wie der Erzähler (das „scharfe S" in ihrer Aussprache verrät sie, S. 523). Zuletzt erklärt der Oberförster seinem Gast, dass der Vater seiner Frau „John Hansen" hieß und von den Leuten, weil er in Glückstadt eine „Zuchthausstrafe" abgebüßt hat-

Hotel „Schwarzer Bär" in Jena, Schauplatz des Eingangsrahmens der Novelle „Ein Doppelgänger" (alte Aufnahme). (StA Husum)

te, „John Glückstadt" genannt wurde (S. 529). Damit klingt in der idyllischen Rahmengeschichte der Ton an, der die Zentralgeschichte bestimmt.

Im Gegensatz zu der idyllischen Welt des Gasthauses und der Försterei liegt die Welt, in der „John Hansen" zu Hause ist: in der „Stadt", „am Deich", in der „dämmerigen Kellerstube" (S. 532/533), später auf der „ungeheuren Fläche", auf der „Zichorien" angebaut werden (S. 535), dann in der „Kate", „am Ende der ins Feld hinauslaufenden Norderstraße" (S. 542), schließlich auf dem „weiten Kartoffelfeld" mit dem „Schinderbrunnen".

Entsprechend realistisch sind die Personen des Mittelteils der Novelle gezeichnet, besonders John Hansen. Er ist der „düstere John" (S. 537), der bereit ist, seinen Vorgesetzten, der ihn beleidigt hat, „mit dem kurzen Seitengewehr" „niederzustechen" (S. 532), mit seinem Komplizen im „Erkerhause am Markt" einzubrechen und den „Exsenator Quanzberger" niederzuschlagen. Er tötet schließlich seine Frau im Jähzorn und stirbt selbst zuletzt einen elenden Tod in der Tiefe des „Schinderbrunnens" (S. 572 und 573).

Allerdings ebenso realistisch wie auf die verbrecherischen Anlagen wird auf den guten Kern des John Hansen verwiesen, der sich als zuverlässiger Arbeiter bewährt, für sein Kind sorgt, die Angebote des Zuchthäuslers und früheren Kumpanen Wenzel zurückweist und die Hilfe des Bürgermeisters annimmt.

Um so grässlicher erscheint sein Tod: In dunkler Nacht, beim Kartoffelnstehlen für sein Kind, stürzt er in einen leeren Brunnenschacht, bleibt dort unten liegen, mit gebrochenen Gliedmaßen; keiner hört seine Hilferufe, auch in den nächsten Tagen nicht. So stirbt John Hansen eines überaus hässlichen Todes und vermodert unten in dem „Schinderbrunnen" (S. 575: „ein übler Dunst steigt auf").

Jedoch nicht mit diesem überaus grässlichen Bild vom Tode des John Hansen schließt die Novelle, sondern mit dem Verweis auf den Eingangsrahmen: Der Erzähler entschließt sich, John Glückstadts Tochter und den „wackeren Oberförster" zu besuchen.

Die Idylle in dem Eingangs- und ihre Fortsetzung im Schlussrahmen der Novelle ist zu verstehen als Kontrastbild zu der Erzählung im Mittelteil von dem schrecklichen Schicksal des Zuchthäuslers und seinem grässlichen Tod, aber besonders auch zu den anklagenden Worten des Bürgermeisters, der die bürgerliche Gesellschaft beschuldigt, sie habe den, der seine Strafe abgebüßt hatte, „zu Tode gehetzt".

Karl Heinrich Keck und seine „Storm-Stiftung zum Wohle der Arbeiter aus Anlass des ‚Doppelgängers'"

Karl Heinrich Keck (1824–1895)[1], von 1870–1887 Direktor des Husumer Gymnasiums, war ein literarisch besonders interessierter und tätiger Mann. Er war – unter dem Namen Karl Heinrich – Autor der Idyllen „Anna" (Kiel: 1850) und „Pfingstweihe" (1882: 3. Aufl.), veröffentlichte eine Sammlung deutscher Heldensagen unter dem Titel „Iduna" (1875 ff.), redigierte die „Deutschen Literaturblätter" (Gotha) und hat den „Schleswig-Holsteinischen Kunstkalender" herausgegeben. Auf Storms Novelle „Psyche" hat er mit einem Gedicht reagiert („An den Pessimisten Theodor Storm": LL II, 899 f.), auf das Storm mit einem Gedicht geantwortet hat („Die arme Psyche…": LL I, 270 f.).

Wann K. H. Keck Storms Novelle „Ein Doppelgänger" gelesen und was ihn veranlasst hat, eine Storm-Stiftung ins Leben zu rufen, wissen wir nicht. Zum ersten Mal gedruckt wurde die Novelle „Ein Doppelgänger" in der von Karl Emil Franzos herausgegebenen Zeitschrift „Deutsche Dichtung" in mehreren Fortsetzungen (1. Teil: Dezember 1886), dann – im Mai 1887 – in den Buchausgaben des Verlages Paetel: „Bei kleinen Leuten" (zusammen mit der Novelle Böttcher Basch" und als Separatausgabe. Möglicherweise sind die mahnenden Worte des Bürgermeisters in der Novelle für K. H. Keck die Initialzündung gewesen für eine Stiftung zum Wohle der Arbeiter. Dieser, der Bürgermeister, kommentiert den Tod des Zuchthäuslers mit den Worten: „Nachdem dieser John von Rechtes wegen seine Strafe abgebüßt hatte, wurde er, wie gebräuchlich, der lieben Mitwelt zur Hetzjagd überlassen, und sie hat ihn nun auch zu Tode gehetzt, denn sie ist ohn' Erbarmen" (LL III 574).

K. H. Keck hat dann die „Husumer Nachrichten" veranlasst, auf die Feier zum 70. Geburtstags des Dichters und auf die „Storm-Stiftung" hinzuweisen und hat selbst im „Annoncenteil" der Zeitung einen entsprechenden Aufruf veröffentlicht. Die Zeitung schrieb am 13.9.1889:

„Storm-Stiftung. Aus Anlaß des 70. Geburtstages unseres weit über die Grenzen des engeren Vaterlandes hinaus bekannten und verehrten hei-

Karl Heinrich Keck, Direktor des Husumer Gymnasiums (1880–1887), Initiator der Storm-Stiftung zum „Wohle der Arbeiter". (StA Husum)

mischen Dichters Theodor Storm, wird am kommenden Mittwochabend in der Aula des Gymnasiums eine Feier stattfinden wie aus dem Annoncenteil ersichtlich. Herr Direktor Dr. Keck wird Vortrag über das Leben und Wirken des Dichters halten, und werden außerdem Chöre und Solos aus Storms Liedern zu Gehör gebracht werden. Es dürfte umsomehr eine allgemeine Teilnahme an dem Akte zu erwarten sein, als der Ertrag des Entrees (1 M. à Person, für Schüler 50 Pf., ohne Schranken zu setzen) als Grundstock zu einer zu errichtenden Storm-Stiftung zum Wohle der Arbeiter Verwendung finden soll."

Der Vortrag von Dr. Keck in der Aula des Gymnasiums hat – wie angekündigt – am Mittwoch, dem 14. September, abends 8 Uhr, stattgefunden. Einige Tage später, am 16. September, hat Dr. Keck im „Husumer Wochenblatt" Rechenschaft abgelegt über die „Stormfeier in der Aula" und bekanntgegeben, dass für die „Stormstiftung" 200 Mark zusammengekommen seien. „Hoffentlich", so meint Dr. Keck, „werde die Sparkasse dieses Geld mit 5 % verzinsen", dann könnten die jährlichen Zinsen von 10 Mark[2] „jedesmal am 14. September" vom Propsten einem „bedürftigen und würdigen Ehepaar aus dem Arbeiterstande" übergeben werden.

In diesem Sinne hat Keck am 18. September 1887 dem Dichter in Hademarschen folgenden Brief geschrieben: (<In Storms Schrift>: Beantw. 18/9.87):

Husum 18. Sept. 1987

„Lieber Storm.

Meinen Glückwunsch werden Sie Mittwoch erhalten haben. Hier fiel die Feier Ihres 70. Geburtsages sehr schön aus. Ich hielt in der Aula einen Vortrag, dann wurden fünf Lieder von Ihnen, teils in Sologesängen (Brunn u. Frau Stolze), teils im Chor unter Leitung von Dr. Eichler gesungen. Später gingen 60–70 Menschen in „Stadt Hamburg", wo Ihrer warm gedacht wurde. Der „Theodor Storm Fonds" beträgt 200 M 90 Pf., den ich bei der Sparkasse zu 5 % belegen werde. Die jährlichen Zinsen von 10 M wären, wie ich vorschlage, jährlich am 14. Sept. vom ersten Geistlichen in Husum einem bedürftigen und würdigen Paar aus dem Arbeiterstande zu überreichen. Auf diesen Gedanken hat mir Ihr „Doppelgänger" gebracht. Schreiben Sie mir bitte, ob Sie damit einverstanden sind. Vom 1. Okt. ab treten Kallsen[3], Dr. Matthießen[4] und ich in den Ruhestand. Die beiden ersten ziehen nach Altona, ich nach Kiel (Sophienblatt 63III), um dort von meinen drei studierenden Söhnen abwechselnd 2 beim Hause zu haben. Ich sehne mich, den Rest meines Lebens mir selbst zu leben.

Ich grüße herzlich Sie und die Ihrigen. Ruhen Sie nur ordentlich aus.

Ihr
H. Keck"

Die Gründungsurkunde der Stiftung ist nicht erhalten. Erhalten aber sind im Archiv der Husumer Marienkirche Archivalien[5], die dokumentieren, dass die von K. H. Keck initiierte „Storm-Stiftung zum Wohle der Arbeiter" wirklich existiert hat und tätig geworden ist. Zu den erhaltenen Archivalien gehört nämlich ein blaues Oktavheft, in dem die jeweiligen Hauptpastoren der Husumer Marienkirche beglaubigen, dass sie jeweils zum Geburtstag des Dichters einem – mit Namen und Adresse genannten – Arbeiterehepaar die Zinsen des Stiftungskapitals (10 Mark) übergeben haben. Die letzte Eintragung datiert aus dem Jahre 1914. Dann ist das Stiftungskapital, wie aus Belegen der erhaltenen Archivalien hervorgeht, im Ersten Weltkrieg als Kriegsanleihe gezeichnet worden und so verloren gegangen. Trotzdem bleibt die Stiftung K. H. Kecks „Zum Wohle der Arbeiter" und „aus Anlaß des ‚Doppelgänger'" ein Zeitdokument, das die Wirkung der Storm-Novelle und das frühe, sich entwickelnde soziale Gewissen der Zeit veranschaulicht.

Anmerkungen:

1. 1. Zu K. H. Keck vgl. auch die 4 Briefe Storms an Keck, veröffentlicht von Goens in der „Kasseler Post" (19.12.1928).
2. 2. Ein einfacher Arbeiter verdiente damals in einer Kleinstadt im Monat ca. 30 Mark.
3. 3. Prof. Dr. Kallsen seit 1865 Studienrat am Husumer Gymnasium
4. 4. Dr. Mattießen seit 1869 Studienrat am Husumer Gymnasium
5. 5. Archiv des Kirchenkreises Nordfriesland: Akte Nr. 153,3

Ferdinand Tönnies: Theodor Storm, der „Freund der einfachen Menschen", der „sozialen Fragen gern seine Aufmerksamkeit zuwandte"

Ferdinand Tönnies gehört zu den Zeitgenossen, die Storm besonders nahe gestanden haben. Schon als Primaner des Husumer Gymnasiums hat er dem Dichter bei der Korrektur des „Hausbuchs aus deutschen Dichtern seit Claudius" (1869) geholfen; und während des Studiums (bis 1877) und später, als Tönnies an der Kieler Universität als Privatdozent tätig war, (1881 ff.), selbst während der Arbeit an „Gemeinschaft und Gesellschaft" (bis 1887) ist die Verbindung zwischen Tönnies und Storm nicht abgerissen.

Tönnies hat den alternden Dichter in Husum und später in Hademarschen besucht. Sie haben sogar zusammen Werke der Weltliteratur gelesen, z. B. Platons „Symposium"; ihr Briefwechsel ist dafür ein anschauliches Zeugnis.[1] Selbst auf Reisen – nach Weimar und Sylt – hat der junge Tönnies Storm begleitet.

Wie eng der Dichter und der Soziologe miteinander verbunden waren, bezeugen Tönnies' „Gedenkblätter"[2], die Tönnies seinem väterlichen Freund gewidmet hat. Diese sind nicht nur „Blätter", die dem ‚Gedenken' dienen, sondern eindrucksvoll das Bild des Menschen und des Dichters Storm zeichnen aus der Perspektive eines Soziologen.

Tönnies hebt mit seinen „Gedenkblättern" eine Seite des Menschen und des Dichters hervor, der bisher wenig Aufmerksamkeit entgegengebracht worden ist. Für Tönnies ist Storm ein Mensch und Dichter, der vorwiegend in Anschauungen denkt, dem „begriffliches Denken" fern liegt (61). Den „sozialen Fragen wandte Storm gern seine Aufmerksamkeit zu" (61), das Schicksal der „kleinen Leute" interessiert ihn, er war ein

„Freund der einfachen Menschen" (33), auch der „Ausgestoßenen" (34). Tönnies verweist dabei ausdrücklich auf Novellen wie „Bötjer Basch", „Ein Doppelgänger", auf „Pole Poppenspäler" und „Carsten Curator" (33, 34).

Für Storm stand – das betont Tönnies – das „Echt-Menschliche" im Vordergrund (33). Er war ein „Demokrat" „mehr im ethischen als im politischen Verstande", „ihm war weniger an der Staatsform als am Staatsin-

Ferdinand Tönnies, Soziologe, junger Freund des Dichters. (StA Husum, Wooley-Bildnachlass)

halt gelegen", „auch an der volkstümlichen Gesinnung ... und an volkstümliche wirksamer Gesetzgebung" (61). Storm wusste, dass Tönnies zwar kein „Genosse", aber ein „Verteidiger" der Sozialdemokratie war; so haben sie „eingehend" über „Demokratie" und über „Sozialismus" gesprochen, und zwar mit der „Sympathie eines Menschenfreundes" (70).

Zusammenfassend kann man sagen: Tönnies zeichnet in seinen 1917 erschienenen „Gedenkblättern" ein Storm-Bild, das wenig – zu wenig – bekannt geworden ist.

Anmerkungen:

1. Vgl. Dieter Lohmeier: „Der Briefwechsel zwischen Theodor Storm und Ferdinand Tönnies" in: Storm-Lektüren „Festschrift für K. E. Laage", Königshausen u. Neumann: Würzburg 2000, S. 91–97. Zum Platon-Band vgl. den Brief Storms an Tönnies vom 9.12.1885 (auch Anm. 143).
   Übrigens: Der Band, den Storm von Tönnies geliehen hatte, hat sich in Storms Büchernachlass erhalten (heute im Husumer Storm-Archiv); es handelt sich um den Band: „Plato's Phädrus und Gastmahl", in der Übersetzung von Lehrs (Leipzig: Hirzel 1869).
2. Ferdinand Tönnies: Theodor Storm Gedenkblätter, Curtius: Berlin 1917 (Textstellen im Folgenden zitiert nur mit Seitenzahlen in Klammern (…)).
3. Storm selbst nennt den Sammelband mit den Novellen „Bötjer Basch" und „Ein Doppelgänger": „Bei kleinen Leuten" (Berlin: Paetel 1887).

Zum „Bekenntnis"
in der gleichnamigen Novelle:
„Mörder!"...
„Du hast Dein eignes Weib getötet!"

Im Mittelpunkt der Novelle „Ein Bekenntnis" steht der Arzt Dr. Jebe. Dr. Jebe ist ein Arzt, der sich – nach einigen Jahren als „Assistenzarzt auf einer Klinik für Frauenkrankheiten" – als Frauenarzt niedergelassen hat und von dem es heißt, dass er „nicht zaghaft" war, sich bewusst war, das Seinige gelernt zu haben, der sich selbst „vertraue" und „von vornherein zuversichtlich" war, ein „Arzt, der am Krankenbett nicht erst zu suchen und bei seiner Heimkehr erst in seinen Kompendien nachzulesen brauchte". Dieser tüchtige und selbstsichere Arzt untersucht – aufgrund von entsprechenden Beschwerden – seine äußerst zarte und schmerzempfindliche Frau. Die entsprechende Stelle aus der Novelle – der Arzt erinnert sich an diese so schicksalhafte Untersuchung – lautet:

„(…) ich glaub, ich bete zu Gott, als ich die Hand nach ihrem armen Körper ausstreckte. Sie hatte mir nicht geantwortet; nur leise nickte sie mir zu. Plötzlich – es war das erste Mal in meinem Berufe – begann meine Hand zu zittern, und Elsis große erschrockene Augen blitzten in die meinen; > Carcinoma <, sprach es in mir; es durchfuhr mich; wie kam das Entsetzliche zu meinem noch so jungen Weibe? Das Leiden galt derzeit in der Wissenschaft für absolut unheilbar; nach leis heranschleichenden, alles Menschliche überbietenden Qualen war stets der Tod das Ende. Ich kannte diese Krankheit sehr genau; und mit Schaudern gedachte ich des letzten grauenhaften Stadiums derselben." (LL III, S. 608). Später, in einem Stadium, in dem die Frau die Schmerzen nicht mehr aushalten kann, gibt er ihr – nach langem innerem Kampf – eine tödliche Dosis Morphium.

Wochen nach dem Tod seiner Frau liest er in Fachzeitschriften, die er während der Krankheit seiner Frau beiseite gelegt hat, verschiedene Berichte und Artikel, und er erfährt aus einem dort gedruckten Aufsatz, dass die Krankheit seines Weibes durch die Totalexstirpatiom (völlige Entfernung) des Uterus hätte besiegt werden können. „Mörder", „o allweiser Mörder!" sagt er zu sich selbst (S. 619).

Als dann eine ältere Dame mit derselben Krankheit in seine Praxis kommt und als er von ihrer Familie flehentlich um Hilfe gebeten wird, entschließt er sich zu der von der Fachzeitschrift empfohlenen Totalexstirpation. Er rettet die Dame, aber er klagt sich nun vermehrt selbst an.

Die genauen medizinischen Kenntnisse, die dieser Novelle zugrunde liegen, überraschen den heutigen Leser. Sie sind ein konkretes Beispiel dafür, dass der poetische Realist Storm so viel zeitgenössische Wirklichkeit in seine Novellen hineingenommen hat wie möglich. Ursprünglich, d. h. in der 1. Fassung, hat Storm die Krankheit nicht näher bezeichnet und den Arzt bei und nach der Untersuchung nur ganz allgemein „von dem Beginn eines allerschmerzlichsten, in den meisten Fällen tödlichen Übels" gesprochen.

Als Storms Münchner Dichterkollege Heyse jedoch die „namenlose Unbestimmtheit" der Krankheit und die ebenfalls „ganz unbestimmbare neue Heilmethode" von der in der Erstfassung die Rede war, kritisierte, wandte sich Storm an seinen Neffen Dr. L. Glaevecke, der damals als Assistenzarzt an der Frauenklinik in Kiel tätig war. Von ihm erhielt Storm die gewünschten Auskünfte. Dabei stützte sich Dr. Glaevecke – wie nachgewiesen werden konnte – auf Publikationen des Straßburger Gynäkologen Professor Wilhelm Alexander Freund, der Anfang 1873 zum erstenmal eine an Gebärmutterkrebs leidende Frau durch die operative Entfernung der Gebärmutter geheilt und einen Aufsatz veröffentlicht hatte unter dem Titel: „Eine neue Methode der Exstirpation des ganzen Uterus" (Leipzig 1878).

Storm atmete auf; er war, wie er an Heyse schreibt (14.7.1887), „bei den hier zu Gebote stehenden Ärzten vergeblich bemüht gewesen", und fand jetzt den von Heyse geforderten „ganz wissenschaftlichen Grund und Boden" für die Umarbeitung. Er berichtete Heyse: „'Carcinoma uteri' war allerdings die einzige Krankheit, die ganz für meine Arbeit paßte, die, bis man vor ca. 15 Jahren begann, die ganze Gebärmutter fortzuschneiden, für absolut letal galt. Das ist nun mit allerlei Umständen umgearbeitet".

Die Umarbeitung wurde, wie wir aus Storms Briefen wissen, dem Verlag am 12. Juli 1887 zugeschickt.

Im „Handbuch der Gynäkologie" (Wiesbaden 1899) bestätigt Prof. Freund übrigens dem Gynäkologen Frommel gegenüber, dass bei Storm offenbar „wörtliche Ausführungen aus seinen Publikationen" anklingen. Allerdings wird hier wiederum deutlich, dass Storm die „Wirklichkeit" nur für seine Dichtung „benutzt" hat.

Gewiss, die Beschreibung der Krankheit und die sich aus der Krankheit ergebenden ärztlichen Maßnahmen müssen „wissenschaftlichen Grund und Boden" haben, wie der Dichter selbst sagt, aber sie sind nur die „Mittel", um ein menschliches Problem dichterisch darzustellen. Storm hat sein poetisches Anliegen in folgende Fragen gekleidet: „Wie kommt einer dahin, sein Geliebtestes zu töten?" und „Was wird aus ihm, wenn er das getan hat?" (an Heyse 15.7.1887).

Storm beantwortet die zweite Frage durch den Schlussteil der Novelle: Dr. Jebe muss sich eingestehen, dass er ein Menschenleben vernichtet hat und fühlt sich deshalb verpflichtet, seine Tat durch entsagungsvollen Dienst am Menschen zu sühnen. Er geht nach Afrika, dorthin „wo mehr die Unwissenheit als Krankheit und Seuche den

Tod der Menschen herbeiführt"; dort will er „dem Leben dienen". (S. 631)

Die ganz persönliche Tragik Storms besteht darin, dass er, nachdem er die Arbeit am „Schimmelreiter" wieder aufgenommen und daneben die Umarbeitung der Novelle „Ein Bekenntnis" im Hinblick auf das „Carcinoma uteri" vollendet hatte, erfuhr, dass er selbst an Krebs erkrankt sei.

Merkwürdigerweise hatte Storm 20 Jahre zuvor ein Gedicht geschrieben, das von Medizinern immer wieder – z. B. von Hellner in seinem „Lehrbuch der Chirurgie" (1969) und in Bäumlers „Bilanz der internationalen Krebsforschung" (1967) – als Beispiel für die Beschreibung erster Anzeichen vor dem Ausbruch der Krebskrankheit zitiert wird. Das Gedicht heißt „Beginn des Endes" und lautet:

Beginn des Endes

Ein Punkt nur ist es, kaum ein Schmerz,
Nur ein Gefühl, empfunden eben;
Und dennoch spricht es stets darein,
Und dennoch stört es dich zu leben.

Wenn du es Andern klagen willst,
So kannst du's nicht in Worte fassen;
Du sagst dir selbst: Es ist nichts!
Und dennoch will es dich nicht lassen.

So seltsam fremd wird dir die Welt,
Und leis verläßt dich alles Hoffen,
Bis du es endlich, endlich weißt,
Daß dich des Todes Pfeil getroffen.

Ob Storm hier wirklich an das Ausbrechen einer Krebskrankheit gedacht hat, wissen wir nicht, aber von Vorahnungen war er ja immer geplagt (vgl. hier den Beitrag: „Wen von Euch soll ich dafür zum Opfer bringen?").

Anmerkungen:

1. Die Anfänge der Novelle gehen auf das Jahr 1885 zurück. Eine Kladde mit dem Titel „Die Erzählung des Arztes" und „Novella medici" ist erhalten. Dass die Novelle erst im Juli 1887 fertig wurde, hat verschiedene Gründe. Ein Grund war die Rippenfell- und Nierenentzündung, die den Dichter vom Oktober 1886 bis Februar 1887 ans Bett fesselte, möglicherweise Vorbote der Magenkrebskrankheit, die am 4. Juli 1888 zum Tod des Dichters führte.
2. Die Frage, ob der – äußerst modern anmutende – Schluss der Novelle (III, S. 631–633) – Dr. Jebe geht nach „Ostafrika", will „dem Leben dienen" – zu Storms Zeit aktuelle Vorbilder hatte, ist bisher nicht gestellt und nicht beantwortet worden.

Emil Noldes „tiefsinnige Eulen"
(heute im Husumer Storm-Haus)

Wer auf seinen Reisen Husum, der „grauen Stadt am Meer", einen Besuch abstattet und das Storm-Haus besichtigt, bekommt eine Rarität zu sehen, die er hier nicht erwartet: Emil Noldes „tiefsinnige Eulen".

Emil Hansen – so sein eigentlicher Name – hat, nach Abschluss seiner Schulzeit und einem Jahr Mitarbeit auf dem elterlichen Hof im Dorf Nolde (wenige Kilometer nördlich der deutsch-dänischen Grenze), vom Vater die Erlaubnis erhalten, seine Lehrjahre in der Möbelwerkstatt von Heinrich Sauermann in Flensburg zu absolvieren. Im Frühjahr 1884 hat er seine Lehrstelle angetreten. Seine Ausbildung begann auf hohem Niveau: Sauermann hatte im Frühjahr 1884 gerade eine anspruchsvolle Aufgabe übernommen, den Bordesholmer Altar von Hans Brüggemann zu restaurieren. Mit Ehrfurcht und Begeisterung hat der junge Lehrling die sich daraus für ihn ergebenden Aufgaben übernommen. Das Schnitzen jedoch fiel ihm anfangs nicht leicht. Erst im vierten Lehrjahr konnte er plötzlich – wie er sich selbst ausdrückt – das „Geschaute" künstlerisch umsetzen.[1]

Dass geschnitzte Möbel als Festtagsgeschenk überreicht wurden, war damals nicht ungewöhnlich, so erhielt z. B. Emanuel Geibel 1852 von Lübecker Damen einen Schreibtisch und Klaus Groth von Kieler Damen 1887 einen geschnitzten Armlehnstuhl.[2]

Im Jahre 1887 haben dann auch „Kieler Damen" beschlossen, Storm zum 70. Geburtstag einen geschnitzten Schreibtisch (mit einem geschnitzten Schreibtischstuhl) zu überreichen. Da die Möbelwerkstatt Heinrich Sauermanns (1842–1904) in Flensburg damals sehr bekannt war und Grundformen von geschnitzten Schränken und Schreibtischen im Angebot hatte[3], wandte sich die Sprecherin der „Kieler Damen" Frau Lehment[4] an Sauermann. Ein Angebot Sauermanns, ausdrücklich gekennzeichnet als

EMIL NOLDES „TIEFSINNIGE EULEN"
(HEUTE IM HUSUMER STORM-HAUS)

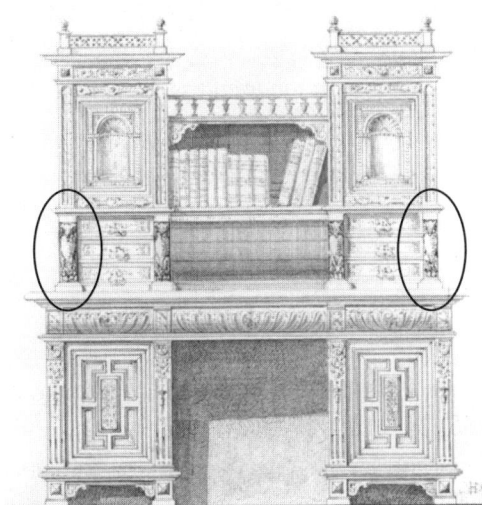

Schreibtisch für Theodor Storm 1887. Entwurfszeichnung Heinrich Sauermanns vom 6.8.1887 (Feder mit Tusche, 24 x 22,5 cm). (Ausstellungskatalog, Städt. Museum Flensburg 1979, S. 80)

Storms Schreibtisch im Museum (Storm-Haus). (StA Husum)

„Schreibtisch für Theodor Storm 1887", ist erhalten (vgl. die Abbildung!)[5]. Möglicherweise sind Sauermanns Eulen-Skizzen in dem Angebot auf Wunsch der Kieler Damen in die Zeichnung eingefügt als Symbole der Weisheit und Intuition.

Das Geburtstagsgeschenk ist mit Schnitzwerken reich verziert:

in den beiden Türen der beiden oberen Schränke mit zwei Rittergestalten (Ritter des Geistes?);

in den Türen der unteren Schränke (von geschnitzten Lorbeerblättern umrankt): links die geschnitzten Namen der Lebensstationen des Dichters: „Husum, Lübeck, Kiel, Berlin, Potsdam, Heiligenstadt, Hademarschen"; rechts die ausgewählten Titel von Novellen: „Marthe und ihre Uhr", „Aquis submersus", „Hans und Heinz Kirch", „Zur Chronik von Grieshuus", „Ein Doppelgänger";

und dann die vier geschnitzten Eulen, die die beiden Mittelschränke tragen.

Die zuletzt genannten Eulen sind nachweislich Arbeiten des Lehrlings Emil Hansen, des später berühmt gewordenen Emil Nolde. Er schreibt in seiner Autobiographie „Das eigene Leben": „Eine meiner letzten Schnitzarbeiten waren ‚vier tiefsinnige Eulen' für den Schreibtisch Theodor Storms"[6].

Ob der Lehrling Emil Nolde von seinem Meister Sauermann – neben den Eulen – zu weiteren Arbeiten an Storms Schreibtisch herangezogen worden ist, wissen wir nicht. Möglich erscheint es; das ergibt sich nicht nur aus dem Abschlusszeugnis, das ihm „tüchtige Fachkenntnisse" bescheinigt[7], sondern auch aus den kunstvollen Schnitzarbeiten und Schrank-Entwürfen des Lehrlings, die erhalten sind.[8]

Am Vormittag des 70. Geburtstages Theodor Storms haben die Kieler Damen durch ihre Sprecherin Frau Lehment – wie Gertrud, die Tochter und

Biographin des Dichters überliefert[9] – dem Jubilar in Hademarschen den „kostbaren Schreibtisch" „mit Sessel und Perserteppich" übergeben.

Storm hat sich wenig später, am 20.9.1887 (der Brief ist erhalten[10]), bei den „Kieler Frauen und Frau Lehment" bedankt. Da dem Geschenk „ein Verzeichniß der Schenkenden beigegeben" sei, habe ihm – so meinte der Dichter – die „große Anzahl derselben" und „die vielen der besten Namen unseres engeren Vaterlandes" „die tröstliche Versicherung" gegeben, „daß – im Gegensatz zu dem alten Wort – der Prophet doch auch im Vaterlande nicht ohne alle Geltung sei".

Eine von den vier „tiefsinnigen Eulen", geschnitzt von Emil Nolde, am Schreibtisch des Dichters, Geschenk der „Kieler Damen" zum 70. Geburtstag Theodor Storms. (StA Husum)

Zwar hatte schon Gertrud in ihrer Storm-Biographie darauf verwiesen, dass den Schnitzereien am Schreibtisch „alte Meisterwerke unserer Holzschneidekunst als Vorbilder gedient haben"; berühmt geworden aber ist der Schreibtisch erst, als in unserer Zeit bekannt wurde, dass Emil Nolde daran mitgearbeitet hat, dass die „tiefsinnigen Eulen" von ihm stammen und dass diese – das hat die Storm-Forschung herausgefunden – dem Dichter zugeschaut haben, als er am zweiten Teil der „Schimmelreiter"-Novelle gearbeitet und hier das Novellen-Manuskript am 9.2.1888 abgeschlossen hat. (Storm im Tagebuch/LL IV, S. 561: „Heute Vormittag 11 Uhr den ‚Schimmelreiter' beendet.")

Anmerkungen:

1. Begleitheft zur Ausstellung im Städtischen Museum Flensburg 1979: Heinrich Sauermann. Ein Flensburger Möbelfabrikant des Historismus. Darin besonders: Manfred Reuther: Emil Nolde und Heinrich Sauermann. Die Flensburger Lehrjahre. (Begleitheft S. 21–22). Das ‚Begleitheft' wird im Folgenden zitiert als „Katalog".
2. Vgl. Katalog S. 80
3. Vgl. Katalog: Abbildung 71 (S. 78): Buffet für Zahnarzt J. Stolley und Abbildung 29 <S. 44>: Prunkschrank (mit geschnitzten Löwenköpfen).
4. Hertha Lehment, Frau des Spirituosen-Fabrikanten Friedrich Lehment (Kieler Spirituosen-Fabrik: gegründet 1868), war Sprecherin der „Kieler Damen", eines „Clubs" von Storm-Verehrerinnen.
5. Vgl. im Katalog und hier die Abb 74: die Entwurfs-Zeichnung Sauermanns, Seite 80.
6. Emil Nolde: Das eigene Leben (1867–1908), Flensburg 1949, S. 81
7. Katalog, S. 80
8. Vgl. Noldes Schnitzarbeiten wie z. B. die Entwürfe zu der „Gestühlzarge" und zu einem „dreiflügeligen Schrank" (Katalog, S. 26 u. 27: Nolde-Stiftung Seebüll)
9. Gertrud Storm: Theodor Storm. Ein Bild seines Lebens, 2 Bände, Berlin: Curtius 1912/13, (hier: S. Bd. II, 222/223). Vgl. auch: Gertrud Storm: Vergilbte Blätter aus der grauen Stadt, Hebbel u. Naumann 1927, S. 124.
10. Original des Storm-Briefes vom 20.9.1887 im Husumer Storm-Archiv

Warum Storm den ursprünglichen Schluss seiner „Schimmelreiter"-Novelle umgearbeitet hat

Verhältnismäßig spät, 90 Jahre nach dem Erstdruck der „Schimmelreiter"-Novelle in der „Deutschen Rundschau" (1888, im April- und Maiheft), ist bekannt geworden, dass Storm den ursprünglichen Schluss der Novelle umgearbeitet hat[1] oder – wie der Dichter seinem Sohn Ernst bekennt[2] – „später verworfen" hat.

Man fragt sich: Warum hat Storm den ursprünglichen Schluss seiner „Schimmelreiter"-Novelle verworfen? Storm selbst hat diese Frage seinem Verleger Paetel gegenüber in einem Brief vom 3.3.1888 beantwortet mit den Worten: „Eine letzte kleine Szene" wurde gestrichen, „weil sie zu sehr aus der Stimmung fiel"[3]. Aber was heißt das?

Storm war sich von Anfang an und auch während der Arbeit am „Schimmelreiter" darüber im Klaren, dass es „seine Mucken hat, einen Deichspuk in eine würdige Novelle zu verwandeln, die mit den Beinen auf der Erde steht"[4], „ohne den Charakter des Unheimlichen zu verwischen"[5]. Bei näherer Betrachtung des Textes ergibt sich, dass es dem Dichter darum geht, seinen Helden, den jungen Hauke Haien, gleich eingangs in Anlehnung an seinen Landsmann Hans Momsen[6] als begabten Mathematiker zu kennzeichnen, ihn auszustatten mit einem genialen Blick für Deichprofile (siehe zum Beispiel die Textstellen (III 642): „unsere Deiche sind nichts wert", „die Wasserseite ist zu steil…") und später als tatkräftigen durchsetzungsfähigen Deichgrafen zu charakterisieren.

So entsteht dann die Gestalt eines genialen Deichgrafen, der gegen viele Widerstände einen Koog eindeicht, der zwar ein „Teufelspferd" reitet, aber alle „um Kopfeshöhe" überragt (S. 725).

Diesen genialen Baumeister und Deichgrafen zum Schluss vom „Teufel" holen zu lassen, entsprach – wie der Dichter beim Lesen des gedruckten

Textes offenbar feststellte – nicht dem Gesamtbild des „Deichgrafen" und der Grundtendenz, der „Stimmung", des Ganzen.

Die entsprechenden Sätze des ersten, später verworfenen, Schlusses lauteten: (Carsten, der frühere Dienstjunge des Deichgrafen, berichtet, was er gesehen hat): „… da stieß er <Hauke Haien> dem Schimmel die Sporen in die Seiten und riß das Maul auf und schrie; verstehen konnt' ich's nicht, der Lärm umher war gar zu grauslich! <…> So arg ich meine Augen aufriß, ich sah itzt weder den Schimmel, noch ein anderes Pferd; nur den Reiter sah ich, und es war noch, als ritte er mit seinen Beinen in der Luft; aber ein schwarzes Unding war über ihm und hielt ihn in seinen Krallen. Dann begann ein fürchterliches Hilfsgeschrei, das lauter war, als Sturm und Wasser, aber (…), wen der Teufel in den Krallen hat, dem kann nur Gott zu Hilfe kommen!"

Diese gespenstige Szene hat der Dichter vollständig gestrichen, weil sie den Deichgrafen zum „Deichspuk" macht und die Geschichte zu sehr in die Nähe einer Gespenstergeschichte rückt. Mit dieser Streichung bleibt Hauke Haien der „Deichgraf", der zwar Fehler begangen hat, aber Großes geleistet hat. Die Untergangsszene endet jetzt (III S. 753):

„Er richtete sich hoch auf und stieß dem Schimmel die Sporen in die Weichen; das Tier bäumte sich, es hätte sich fast überschlagen; aber der Kraft des Mannes drückte es herunter." „Vorwärts!" rief er noch einmal, wie er es so oft zum festen Ritt gerufen hatte. „Herr Gott, nimm mich; verschon die Andern!"

Das ist ein anderer, ein menschlicher, ein extrem realistischer Schluss! Nicht mit dem Tod eines Nachtgespenstes, das vom Teufel geholt wird, geht die Novelle zu Ende, sondern mit dem freiwilligen Tod, mit der Selbstaufopferung eines aufrechten Mannes, der Großes geleistet hat, der jedoch schuldig geworden ist (er hat die gefährdete Deichstelle nicht gründlich genug repariert), der dies eingesteht („nimm mich, verschon die Andern!") und der sich für die „Andern" opfert.

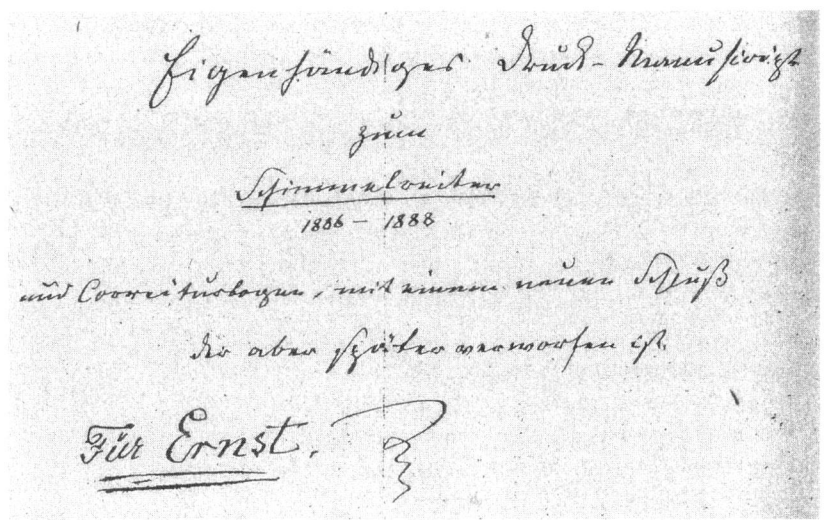

Deckblatt zum „Schimmelreiter"-Manuskript, von Storm beschriftet: „Für Ernst" und mit dem Hinweis auf „Correcturbogen" mit neuem „Schluß" der Novelle, der „später verworfen ist". (LB Kiel)

Anmerkungen:

1. Vgl.: K. E. Laage, in „Euphorion", Bd. 73 (1979), S. 451–457
2. Storm in einer Zuschrift für seinen Sohn Ernst (vgl. hier die Abbildung oben)
3. Zitat aus einem – heute nicht mehr nachweisbaren – Brief Storms an den Verleger Paetel vom 3. März 1888 (zitiert von A. Köster in: Storm, Sämtliche Werke, Leipzig. Insel Verlag 1919 ff., Band 8, S. 288
4. Storm an Verleger Paetel, Juli/August 1886 (nach Köster; s. o. Anm.: 3), Bd. 8, S. 288
5. Storm an Heyse, 29.8.1886
6. Vgl. K. E. Laage: „Theodor Storms 'Schimmelreiter' und Hans Momsen (Vortrag anlässlich der Verleihung des Hans Momsen-Preises) in: STSG 65 (2016), S. 57.
7. Vgl. K. E. Laage: „Der ursprüngliche Schluss der Stormschen ‚Schimmelreiter'-Novelle, in: STSG 30/1981, S. 57–67 (darin: Abdruck der erhaltenen Korrekturfahne des früheren Schlusses im Original S. 76/77).

Editorische Hinweise

Alle Titel des vorliegenden Bandes werden hier noch einmal aufgeführt, um näher gekennzeichnet zu werden als „Erstveröffentlichungen" bzw. als „Nachdrucke" mit Quellenangaben und mit Hinweisen, ob sie im vorliegenden Band gekürzt, stark gekürzt oder umgearbeitet worden sind (kleinere Korrekturen und Zusätze werden nicht vermerkt).

1. „Zum Falscheintrag von Theodor Storms Geburtsdatum in das Husumer ‚Kirchenbuch'"
   Erstveröffentlichung
2. „Die Bedeutung Lübecks und des Lübecker „Katharineums" für den jungen Storm":
   Nachdruck (gekürzt) nach K. E. Laage „Theodor Storms Lübecker Zeit", in: G. Spurgat: Theodor Storm im Film. Veröffentlichung des Senats der Hansestadt Lübeck, Reihe B, Heft 11, 1987, S. 76–82
3. „Theodor Storm in seiner ersten Rechtsanwaltspraxis"
   Nachdruck (gekürzt) nach K. E. Laage: „Theodor Storms erste Rechtsanwaltspraxis, Husum, Großstraße 11", in: Schleswig-Holstein 9/1965, S. 247–250
4. „‚Sommernacht' – ein frühes Gedicht Theodor Storms"
   Nachdruck nach: K. E. Laage: „Sommernacht". Ein weithin unbekanntes Gedicht Theodor Storms, in: Schleswig-Holstein 9/2004, S. 6–8
5. „Theodor Storm und der ‚Schobüller Berg'"
   Nachdruck nach: K. E. Laage: „Theodor Storm und Schobüll", in: Schobüll – Eine Chronik, Husum 2014, S. 46/47.
6. „Schicksalsjahre im Haus Neustadt 56"
   Erstveröffentlichung (stark gekürzte und geänderte Zusammenfassung unter Verwendung mehrerer verschiedener eigener früherer Untersuchungen)
7. „Storm-Stätten" in Berlin
   Nachdruck (gekürzt) nach: K. E. Laage: „Unterwegs mit Theodor Storm", Heide 2002, S. 82–90
8. „Zur Herkunft des Wortes ‚Husumerei'"
   Nachdruck nach K. E. Laage, „Fontanes Husumerei" und „Gontscharows ‚Oblomowerei'" in: Fontanes Blätter 70, 2000, S. 161–165
9. „Theodor Storms Mitwirken an der ersten deutschen Übersetzung von Turgenjews ‚Aufzeichnungen eines Jägers'"
   Nachdruck (stark gekürzt) nach verschiedenen früheren Untersuchungen, z. B. in K. E. Laage: „Theodor Storm, Studien zu seinem Leben und Werk, Berlin 1985, 2. Aufl. 1988, S. 97–103: „Der Turgenjew-Übersetzer August von Viedert und Theodor Storm".
10. „Storm als Kreisrichter in Heiligenstadt"
    Nachdruck (geändert und gekürzt) nach: K. E. Laage: „Theodor Storm, Heiligenstadt

und das Eichsfeld. Zum 175. Geburtstag des Dichters", in: „Unser Eichsfeld", 1. Jg., 2. Quartal 1992, Heft 3, S. 80–90.
11. „Das Familien-Wappen und das Dichter-Wappen Theodor Storms"
Erstveröffentlichung (neu gefasst und stark gekürzt nach K. E. Laage: „Theodor Storms Möwen-Medaillon" in: STSG 41/1992, S. 91–97)
12. „Storm. ‚Wen von Euch soll ich dafür zum Opfer bringen?'"
Nachdruck nach K. E. Laage: „‚Wen von Euch soll ich dafür zum Opfer bringen?'" zu einem neu entdeckten Storm-Brief in: Schleswig-Holstein 3, 1997, S. 8–9
13. „Fontane als Kriegsberichterstatter unterwegs und sein Besuch bei Storm in Husum." Nachdruck (gekürzt) nach K. E. Laage: „Die Reise des Dichters" in: Husumer Nachrichten, Silvester 1981
14. „Die Bedeutung von Storms Urgroßvaterhaus für seine Dichtung und die Entdeckung von Resten des ‚Gesellschaftssaals'".
Nachdruck (gekürzt) nach K. E. Laage: „Storms Novellen-Schauplatz: abgebrochene Reste des Festsaals wieder entdeckt", in: Schleswig-Holstein 3/1997, S. 12 und 13
15. „Das Husumer Schloß und der Todeskampf-Kamin, Schauplätze der Novelle ‚Im Schloß'"
Nachdruck nach K. E. Laage „Der Todeskampf-Kamin" im Rittersaal des Husumer Schlosses und Theodor Storms Novelle ‚Im Schloss'" in Schleswig-Holstein 3/1995, S. 12–14
16. „Die Dopppelstruktur der Novelle ‚Viola tricolor'"
Erstveröffentlichung
17. „Urlaubstage in Fovslet, im deutsch-dänischen Grenzgebiet."
Nachdruck (erweitert) nach K. E. Laage: „Die nördlichste Storm-Stätte", in. Husumer Nachrichten vom 31.8.2007
18. „Ein mißglückter Weihnachtsabend in der Novelle ‚Carsten Curator'"
Nachdruck nach K. E. Laage: „Der Schauplatz und die Bedeutung der Weihnachtsabendszene in Theodor Storms Novelle ‚Carsten Curator'", in: Schleswig-Holstein 12/2002, S. 4–5
19. „Storms Besuch bei Paul Heyse in Prien am Chiemsee und ihre ‚Novellenschatzgeschäfte'".
Erstveröffentlichung unter Benutzung der Angaben von K. E. Laage: „Unterwegs mit Theodor Storm", Heide 2002, S. 113/4
20. „Jena und Husum – zwei konträre Schauplätze der Zuchthäusler-Novelle ‚Ein Doppelgänger'".
Erstveröffentlichung
21. „Karl Heinrich Keck und seine ‚Storm-Stiftung zum Wohle der Arbeiter'".
Nachdruck nach K. E. Laage: „K. H. Keck: ‚Storm-Stiftung zum Wohle der Arbeiter aus Anlass des ‚Doppelgängers" in STSG 46/1997, S. 99–104.

22. Ferdinand Tönnies: „Theodor Storm, der Freund der einfachen Menschen", der den „sozialen Fragen gern seine Aufmerksamkeit zuwandte".
Erstveröffentlichung
23. Zum ‚Bekenntnis' in der gleichnamigen Novelle: „'Mörder! Du hast Dein eigen Weib getötet!'"
Nachdruck (gekürzt) nach K. E. Laage: „Ärzte und ärztliche Probleme bei Theodor Storm", in: „Arzt und Krankenhaus" Heft 3/1194, S. 101–104
24. „Emil Noldes ‚tiefsinnige Eulen' (heute im Husumer Storm-Haus)".
Erstveröffentlichung
25. „Warum Storm den ursprünglichen Schluss der ‚Schimmelreiter'-Novelle umgearbeitet hat."
Erstveröffentlichung

Bildnachweis Umschlag

1 Foto von Rudolph Ström, Husum (1873). StA Husum
2 Foto von Wigand (1864), Berlin. (StA Husum)
3 Foto von E. Vogelsang, Berlin (Mai 1884). (Schleswig-Holsteinische Landesbibliothek, Kiel)
4 Letztes Storm-Foto von Constabel (um 1886) in Hademarschen. (StA Husum)
5 Foto von Pudolph Ström, Husum (1868). StA Husum
6 Ölgemälde von Nicolaus Sunde (1857). Privatbesitz
7 Frühestes Storm-Bild (um 1852 in Berlin) (hier nach einer Daguerretypie). StA Husum
8 Foto von Rudolph Ström (1865), Husum. Privatbesitz
9 Ölgemälde von Marie von Wartenberg, NordseeMuseum Husum, Nissenhaus
10 Foto von Carl Andersen, Neumünster (Dezember 1879). (Schleswig-Holsteinische Landesbibliothek, Kiel)

Abkürzungen

StA Husum Storm-Archiv (Husum, Wasserreihe 31 bzw. 35)
LB Kiel   Schleswig-Holsteinische Landesbibliothek Kiel
STSG   Schriften der Theodor-Storm-Gesellschaft, Heide: Boyens
(…)   Auslassungen
Abb.   Abbildung
<…>   In spitzen Klammern: Ergänzungen des Originaltextes

Zitate aus dem Werk des Dichters sind der Kritischen Werkausgabe entnommen: Theodor Storm: Sämtliche Werke in vier Bänden, hg. von Karl Ernst Laage und Dieter Lohmeier, Frankfurt a. M.: Deutscher Klassiker Verlag 1987/88: Abgekürzt zitiert mit Band- und Seitenzahl (LL I–IV).

Die Briefzitate stammen im Allgemeinen aus den 20 Briefbänden, die auf Inititative der Storm-Gesellschaft von verschiedenen Wissenschaftlern im Erich Schmidt Verlag in Berlin oder in den Schriften der Theodor-Storm-Gesellschaft (Heide: Boyens 1952 ff.) herausgegeben worden sind: Abgekürzt zitiert mit Namen der Briefschreiber oder Briefadressaten mit dem Briefdatum.

Dank

Zuerst danke ich dem Verlag und Bernd Rachuth, dessen Verlagsleiter, sowie der Theodor-Storm-Gesellschaft und ihrem Sekretär, Dr. Demandt, ohne deren Zuspruch der Band nicht rechtzeitig fertig geworden wäre. Mein besonderer Dank gilt dem Archiv der Storm-Gesellschaft und der Bibliothekarin Elke Jacobsen, die die vielfältigen Fragen, die gerade dieser Sammelband aufwarf, beantwortet haben. Hilfreich war auch die Fotosammlung, die E. O. Wooley für seinen Band „Theodor Storms World in Pictures" (Bloomington 1954) angelegt und dem Storm-Archiv hinterlassen hat. Schließlich gilt mein Dank meiner Familie, ohne deren tägliche Hilfe ich den Band nicht hätte fertigstellen können.

WEITERE BÜCHER DES AUTORS
ÜBER THEODOR STORM

2012. 100 Seiten, 54 Abbildungen, kartoniert
€ 9,95
ISBN 978-3-8042-1373-9

WEITERE BÜCHER DES AUTORS
ÜBER THEODOR STORM

2013. 112 Seiten, 35 Abbildungen, kartoniert
€ 9,95
ISBN 978-3-8042-1383-8

WEITERE BÜCHER DES AUTORS
ÜBER THEODOR STORM

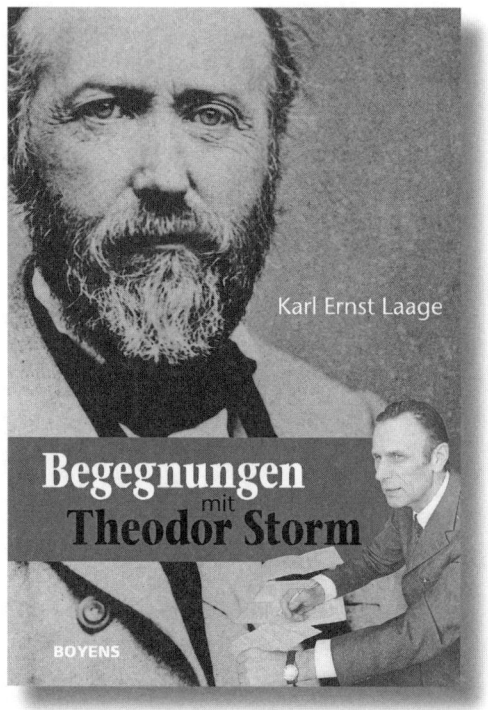

2015. 112 Seiten, 27 Abbildungen, kartoniert
€ 9,95
978-3-8042-1420-0